MON CHIEN MODE D'EMPLOI

Éric Pier Sperandio

MON CHIEN
MODE D'EMPLOI

Les Éditions
LOGIQUES

Les Éditions LOGIQUES
C. P. 10, succursale « D », Montréal (Québec) H3K 3B9
Téléphone : (514) 933-2225 • télécopieur : (514) 933-2182

Remerciements

À Francine, la femme qui partage ma vie et cette passion pour les chiens ; au docteur Marlène Simoneau, de la Clinique vétérinaire Saint-Joseph-de-Beauce, pour ses conseils et sa serviabilité, et pour avoir accepté de corriger ce livre ; à mes amis de la boutique Au poil, Alain Campagna et Linda Camiré, pour leurs remarques et leur patience ; à Diane Perry, du service français du Club canin canadien, pour sa gentillesse...

Et à tous ces nombreux amis, compagnons fidèles et heureux de leur chien, Pierre Nadeau, André et Louise Viger, François Aublet et Colette Germain, Claude Giguère, Léo-Paul Boisvert, Claude Dorval, et plusieurs autres...

Photo de la couverture : P. Hattenberger, Publiphoto

Couverture : Gilles Cyr, Scriptum Communications

Mise en pages : Jean Yves Collette, Le Temps Éditeur

« Les chiens qui ne savent rien
comprennent ce que nous disons,
et nous qui savons tout
ne sommes pas encore parvenus
à comprendre ce qu'ils disent. »
OCTAVE MIRBEAU, écrivain

« Le chien est le seul animal
qui ait suivi l'homme sur toute la terre. »
GEORGES CUVIER, biologiste

Quelques mots...

On m'avait prévenu. Je n'y croyais pas. Et puis... je me suis fait prendre – au piège? non – mais au jeu, de l'amitié, de la complicité. Je me suis aussi piqué de curiosité, c'est d'ailleurs ce qui nous mène, vous et moi, à ce livre sans prétention que je termine tout près de deux ans après en avoir écrit les premières pages. Parce que je ne suis ni vétérinaire ni propriétaire d'animalerie ou de centre spécialisé * – c'est dire que je ne chercherai pas à vous convaincre de quoi que ce soit, qui n'est de l'intérêt de votre chien. Parce que, ce qui m'a motivé, et je ne vous sortirai pas une de ces formules mille fois entendues pour le dire : j'aime les chiens.

Et comme pour tous les propriétaires de chiens, tout au moins comme pour la plus grande majorité d'entre eux, je m'inquiète à la moindre toux d'un de mes chiens, je me tracasse à la moindre éruption cutanée ; je m'interroge au moindre comportement bizarre qu'ils affichent et, bien sûr, je cherche à corriger la situation.

C'est ce qui, il y a maintenant quatre ans, m'a amené à créer une sorte de fichier : à chaque conseil, à chaque truc, à chaque conversation, à chaque lecture intéressante, après des rencontres avec des éleveurs, des dresseurs, après les consultations chez notre vétérinaire, après chaque appel téléphonique auquel elle a répondu (et Dieu

---

* Mais, j'ajoute que ce livre a été lu et corrigé par des spécialistes, pour que les renseignements soient exacts.

sait que nous ne l'avons pas épargnée !), je notais ce que je retenais : les indications, les informations essentielles, les recommandations, les suggestions et les trucs pratiques. Et je classais le tout par ordre alphabétique, me disant que si un jour j'en avais besoin il me serait facile de les retrouver. Et, effectivement, je m'en suis servi à plusieurs reprises. Pour mes chiens, et parfois pour ceux d'amis qui me demandaient si...

Il était donc quasi inévitable que j'en vienne un jour à songer à la rédaction d'un livre, un livre pratique, qui nous donnerait la réponse à des problèmes particuliers. Mais aussi, et surtout, un livre qu'il serait facile de consulter.

Parce que si j'ai lu des livres passionnants consacrés aux chiens, des ouvrages généraux, et d'autres plus spécialisés consacrés à leur santé ou à leur comportement, je ne réussissais jamais à trouver exactement ce que je cherchais au moment où je le cherchais. Et dans certaines situations, comme lors de blessures plus ou moins sérieuses par exemple, je trouvais cela... agaçant, et c'est le moins que je puisse dire.

Alors voilà, j'ai voulu combler cette lacune. Bien sûr, cet ouvrage n'est pas exhaustif – il faudrait quelques centaines de pages de plus – et il ne se lit pas comme un roman (quoique...). Toutefois, je crois qu'il comblera un besoin ; et je crois qu'il vous plaira, à vous qui êtes un fidèle ami du chien !

PREMIÈRE PARTIE

Savoir choisir

Le Chiot

Il faut partir du bon pied ! Et surtout retenir que le chiot n'est pas un jouet que l'on offre aux enfants pour s'en désintéresser par la suite. Ne vous placez pas en situation de dire un jour : « si j'avais su... ». Réfléchissez, avant, pour faire le bon choix. Et souvenez-vous qu'adopter un chien, c'est admettre qu'il dépendra de vous pour les dix années qui viennent – au moins !

AVANT D'ACHETER...

◊ Rappelez-vous qu'un chien de taille imposante est moins facile à placer chez des amis pendant les vacances que ne peut l'être un Caniche...

◊ Évitez de prendre un Berger allemand ou un Mastiff qui, adulte, pèsera plus de cent livres, si vous vivez en appartement ou possédez une petite voiture...

◊ Gardez à l'esprit que si vous avez des enfants en bas âge ou turbulents, mieux vaut éviter les chiens de défense qui ont le coup de dents facile lorsqu'on les ennuie...

◊ N'oubliez pas que les chiens à poils longs, deux fois par an, perdront leurs poils et que l'aspirateur aura parfois bien du mal à les enlever...

◊ Les Caniches ne muent pas mais, d'autre part, il faut les toiletter souvent, ce qui peut paraître fastidieux ou onéreux...

◊ Les promenades doivent être fréquentes si on ne possède pas de cour : êtes-vous prêt à suivre votre chien ?

◊ N'oubliez jamais qu'en tant que propriétaire vous devez toujours vous attendre à quelques dégâts pendant les premiers mois, notamment de l'urine et des excréments sur le tapis, et certains objets mordillés ou cassés...

ACHAT D'UN CHIOT

Âge idéal à l'achat

◊ Un chiot devrait être acheté à sept semaines, c'est-à-dire lorsque les incisives sont bien sorties des gencives et écartées les unes des autres.

◊ Surtout, le chiot doit être bien sevré et accepter les nourritures solides telles que croquettes ou viandes, riz et légumes ou moulée sèche.

Certificats de vaccination

◊ Les chiots naissent sans aucune protection immunitaire contre les maladies infectieuses ; cependant le premier lait de la mère contient des anticorps contre les infections.

◊ Cette protection dure jusqu'à huit semaines environ ; pendant cette période, le chiot ne devrait pas être exposé à d'autres chiens ou à des sorties en public. À la fin de cette période, emmenez votre chiot chez le vétérinaire pour qu'il reçoive ses vaccins immunitaires : distemper, adénoflu, parvovirus, coronavirus et leptospirose. Plus tard, à vingt-quatre semaines, il faudra voir à lui faire donner le vaccin contre la rage.

◊ Les certificats de vaccination doivent être remplis et signés par le vétérinaire. Si vous doutez, n'hésitez pas à téléphoner vous-même au vétérinaire.

◊ Si le vendeur achève de remplir ce carnet devant vous, attention, car c'est le vétérinaire – et le vétérinaire seulement – qui doit remplir ces papiers.

◊ Le numéro de tatouage (si c'est un chien de race), l'âge et le sexe du chiot doivent correspondre à ceux qui sont inscrits sur le carnet de vaccination, sans corrections ni ratures.

COMMENT CHOISIR ?

◊ Ne vous laissez pas attendrir par le chien qui a l'air le plus malheureux, choisissez au contraire celui qui a l'air le plus vif.

◊ Ne croyez pas le vendeur qui vous dit que le chiot fait sa sieste ou qu'un chiot dort toujours ; même s'il dort, il doit normalement s'éveiller dès que vous le touchez, voire même grogner ou chercher à jouer ou à vous mordiller.

Examen du chiot

◊ N'achetez jamais un chiot qui présente des plaques sans poils, des boutons ou des pustules, des pellicules ou un vilain poil.

◊ Il faut aussi refuser un chiot qui aurait des oreilles sales ou suintantes, des yeux qui coulent, un nez sale, une bouche qui sent mauvais, une truffe sèche et craquelée.

◊ Dites non à un chiot qui tousse ou dont les poils des fesses sont collés par suite de la diarrhée.

◊ Vérifiez si le chiot boite – si c'est le cas, ça n'est pas bon signe.

◊ Regardez si les mâchoires sont bien l'une en face de l'autre.

Température

◊ Les marchands sérieux acceptent généralement que l'on prenne la température du chiot ; elle devrait se situer entre 38,5 °C et 39 °C (101,3 °F et 102,2 °F).

◊ La prise de température se fait avec un thermomètre ordinaire, bien enfoncé, que l'on sort au bout d'une minute et pas moins.

Vendeur

◊ Il est possible (et plus simple) de demander au vendeur de signer une garantie de remboursement au cas où le vétérinaire choisi par l'acheteur déclare, après examen, l'animal en mauvaise santé – généralement on accordera une semaine ou dix jours pour ce faire.

◊ Un refus de cette condition peut faire douter de l'honnêteté du vendeur.

◊ Les vendeurs peu honnêtes trouveront toujours un moyen pour vous faire croire que les défauts constatés disparaîtront avec l'âge : ne les croyez pas !

◊ Obligez le vendeur à préciser par écrit, sur le contrat, le type de chien que vous avez acheté, sinon vous n'aurez aucun recours.

Race, pour les chiots de

◊ Examinez la couleur de la robe, de la truffe et des yeux.

◊ Des taches blanches sur une truffe noire (tache de ladre) ou un œil bleu et un œil noir (yeux dits « vairons ») peuvent empêcher toute confirmation du pedigree, de même que seules certaines couleurs de robe sont admises suivant les races.

◊ Ayez en main les caractéristiques de la race que vous avez choisie – cela vous aidera à porter un jugement.

ARRIVÉE DANS LA NOUVELLE MAISON

◊ Laissez du temps à votre chiot pour qu'il puisse faire ses besoins avant de le faire rentrer dans la maison.

◊ Ne sortez pas un jeune chiot dans le jardin ou dans la cour s'il n'a pas reçu ses vaccins.

◊ Pendant la nuit, placez près de sa litière un réveille-matin dont on entend le tic-tac.

◊ Un appareil-radio qui joue doucement près de son lit lui donnera aussi l'impression qu'il n'est pas complètement seul – n'oubliez pas que, bien souvent, c'est la première fois qu'il se retrouve seul, sans une autre présence animale.

◊ Vous pouvez placer une bouillotte chaude au fond de sa litière.

◊ Dès les premiers jours du chiot chez vous, pesez-le quotidiennement pour savoir si vous le nourrissez trop ou pas assez.

◊ Ne laissez pas les membres de votre famille trop jouer avec le nouveau chiot ; soyez gentil et calme, laissez-le s'habituer à son nouvel environnement et, graduellement, à chacun des membres de votre famille.

◊ Le printemps et l'été sont les saisons idéales pour avoir un nouveau chiot car lui apprendre à aller faire ses besoins dehors est alors plus facile.

◊ Les chiots offerts à Noël ne sont pas toujours le cadeau idéal parce que l'excitation du temps des Fêtes ne lui donne pas un environnement vérita-blement propice à son développement.

BESOINS, L'HABITUER À FAIRE SES

Âge

◊ On devrait commencer à habituer l'animal à faire ses besoins vers l'âge de six semaines.

◊ Rappelez-vous, toutefois, que l'entraînement est plus facile lorsque le chiot est un peu plus vieux parce que les muscles qui contribuent à l'élimi-nation sont plus développés.

◊ Vers l'âge de douze semaines, votre chiot devrait être complètement entraîné, même s'il lui arrive encore de s'échapper à l'occasion.

Cage

◊ La cage est probablement le meilleur outil d'entraînement pour lui apprendre à faire ses besoins – gardez à l'esprit que les animaux sauvages gardent leur environnement propre – il est donc naturel pour votre chiot de ne pas se soulager dans son espace vital, à moins qu'il ne puisse faire autrement, évidemment.

◊ Il faut sortir le chiot à intervalles réguliers, cela lui apprendra à attendre le moment propice. Après un petit bout de temps, vous pourrez vous fier à lui – il vous le fera savoir lorsque ce sera nécessaire – mais cela ne devrait pas vous empêcher de garder un horaire régulier pour le sortir.

Endroits familiers

◊ Décidez du meilleur endroit dans la cour où le chiot pourra faire ses besoins, et menez-le à cet endroit chaque fois que vous le sortez. Ramassez ensuite ses excréments.

Fréquence

◊ À l'âge de trois mois : au moins six sorties quotidiennes ;

◊ De quatre à six mois : au moins quatre fois par jour ;

◊ De quatre à douze mois et plus : trois fois par jour.

Habitude

◊ Ne laissez pas le jeune chiot se promener d'une pièce à l'autre ; confinez-le plus ou moins à sa litière ou dans un coin où vous pourrez le surveiller.

◊ Sortez-le à l'extérieur dès son réveil, et après chaque repas.

◊ N'oubliez pas que l'habitude et la régularité évitent des problèmes médicaux.

◊ Chaque fois que votre chiot se soulage dans la maison, punissez-le sévèrement et sortez-le immédiatement.

◊ Félicitez-le s'il demande la porte.

Temps

◊ Il vous faudra de quatre à six semaines pour éduquer votre chien à faire ses besoins à l'extérieur ; mais notez tout de même que le temps peut dépendre de l'âge, de la race, de l'intelligence du chien et de... votre sens des responsabilités.

CHIOT, COMMENT TENIR LE

◊ La meilleure façon de tenir votre chiot est de placer une main en dessous de sa poitrine et l'autre en dessous de ses fesses, pour le support.

◊ Lorsque vous le remettez par terre, vous devriez le faire aussi doucement que possible ; des blessures sérieuses aux pattes, aux hanches, aux épaules et à la tête peuvent être provoquées si le chiot tombe sur le plancher trop durement.

◊ Ne levez jamais un chiot par la peau du cou, placez plutôt vos mains sous son corps et soulevez-le.

DANGER

◊ Voir chapitre « Risques et dangers ».

DENTS, FORMATION DES

◊ Lorsqu'il ressent de la douleur à cause de la pousse des dents, donnez-lui soit un os à mâcher, soit des cubes de glace à sucer.

◊ Mettez dans le congélateur un morceau de linge que vous aurez auparavant essoré ; lorsqu'il est dur, donnez-le au chiot pour qu'il le mordille. Le froid engourdira ses gencives.

◊ Si le chiot qui fait ses dents mord tout, massez ses gencives enflées avec du clou de girofle.

◊ Ne laissez pas les jeunes chiots seuls lorsqu'ils percent leurs dents... ils peuvent devenir de petits démolisseurs.

◊ Les dents de lait tombent vers l'âge de trois à cinq mois. Si les dents adultes n'apparaissent pas d'elles-mêmes, consultez un vétérinaire.

DISCIPLINE

◊ Les chiots devraient être entraînés à répondre au son de votre voix ; si vous avez besoin de quelque chose de plus persuasif, empoignez-le par le haut du cou et secouez-le un peu, c'est très efficace.

◊ Ne battez jamais votre chiot, d'autant plus que les mains devraient être associées à la tendresse.

◊ Si la discipline est nécessaire, un journal roulé ne lui fera pas trop mal alors que le bruit l'effraiera suffisamment. Toutefois, trop de ce genre de discipline peut faire de votre chien un grincheux.

◊ Il faut punir le chien lorsqu'il est pris en flagrant délit, sinon il ne comprendra pas la raison de sa punition.

ENFANTS ET CHIENS

◊ Ne laissez jamais sans surveillance un bébé avec un chien, aussi doux soit-il. Un accident est vite arrivé.

◊ Certains chiens ne sont pas fiables avec les enfants, ne l'oubliez pas.

◊ Les chiennes enceintes ou qui allaitent peuvent être intolérantes avec les enfants : elles cherchent à protéger leur progéniture.

ESCALIER

◊ Plusieurs personnes vivant en appartement ne réalisent pas l'importance de l'entraînement qu'un chiot devrait recevoir pour monter ou descendre les marches. Pensez-y : dans une situation d'urgence, aimeriez-vous transporter votre chien de cinquante kilos dans vos bras ? Il vous faut donc l'habituer aux escaliers, comme aux escaliers d'incendie ou de secours.

HABITAT, SON

Barricade

◊ Une moustiquaire de fenêtres, ajustable, placée dans l'entrée d'une porte, est excellente pour empêcher le chiot de passer, mais permet aux personnes de l'enjamber.

◊ Une barrière pour bébés peut également faire l'affaire pour limiter ses déplacements à un endroit déterminé.

Exercice à l'extérieur

◊ S'il a un lieu d'exercice à l'extérieur, vous pouvez le clôturer avec un rouleau de clôture décorative, légère et facile à déplacer. De petits morceaux de plastique peuvent aussi être piqués à la main dans la terre pourvu qu'ils soient assez hauts pour garder les chiots à l'intérieur tout en laissant la possibilité à la mère de visiter ses chiots.

◊ On peut aussi acheter des clôtures d'exercice en kit dans les animaleries et centres spécialisés.

Parc de bébé

◊ Un parc de bébé inutilisé permettra aussi de garder vos chiots en sécurité. Mettez-y un filet de plastique pour qu'ils ne se blessent pas en tentant de passer la tête à travers les barreaux.

LITIÈRE

Couches jetables

◊ Pour une litière propre et vraiment absorbante, placez des couches jetables sur le plancher où le chiot vient de naître.

Matelas à « trois épaisseurs » !

◊ Pour faire un matelas confortable, absorbant et à l'épreuve de l'eau, posez un morceau de plastique contre le sol, du papier journal au milieu et un linge sur le dessus. Le linge évite, entre autres, la décoloration du papier journal sur le poil du chien.

Tapis extérieur et intérieur

◊ Plusieurs personnes utilisent ces tapis extérieur-intérieur pour le jeune chiot parce qu'ils sont faciles à nettoyer. Attention : certains de ces tapis ont été traités avec des produits chimiques pour faciliter, justement, leur nettoyage. Ces produits peuvent provoquer des brûlures et autres problèmes au chiot qui urine dessus. Il faut donc prendre garde à ce choix.

◊ Si le chiot se gratte avec insistance, s'il montre des signes d'enflure ou autres, retirez immédiatement ce tapis.

MORDILLEURS

Poivre de Cayenne

◊ Le poivre de Cayenne saupoudré sur le tapis va décourager les mordilleurs les plus entêtés.

Sauce Tabasco

◊ Si votre chiot commence à mordiller des objets qu'il ne devrait pas, enduisez-les de Tabasco : le résultat est immédiat.

Vicks

◊ Mettez un peu de Vicks sur les objets que votre chiot aime mordiller ; outre le fait que ce produit ne tache pas, il fera fuir le chien à cause de son odeur.

NETTOYAGE

◊ Les Chiffons J sont excellents pour nettoyer les jeunes chiots ; on peut les laver et les réutiliser.

◊ Vous pouvez aussi trouver, si vous cherchez un peu, des serviettes que vous pourrez acheter à la livre ; ce sont généralement des serviettes qui ne sont plus utilisées dans les motels, les restaurants, etc.

NOMS

◊ Les noms à une ou deux syllabes sont préférables parce que le son va porter.

Évitez

◊ les noms qui sont ridicules ;

◊ les noms qui finissent en « on » qui peuvent être confondus avec le « non » ;

◊ les noms qui ont sensiblement la même prononciation que les commandements ;

◊ les noms qui indiquent un mauvais caractère : « killer », par exemple. Si votre chien devait un jour mordre quelqu'un, il vous serait difficile de le défendre avec un nom pareil.

Bons éléments pour un nom de chien

◊ Nom qui peut être crié d'une manière forte, comme s'il s'agissait d'un commandement, mais sans risques de double signification.

◊ On peut se servir de son nom pour le louanger.

◊ Le nom devrait être assez distinct pour le différencier des autres noms de chiens et ainsi éviter toute confusion.

NOURRIR, COMMENT LE

Biberon

◊ S'il est nécessaire de nourrir le chiot au biberon, sa position est importante. Mettez le chiot sur le dos sur vos jambes, enroulez une serviette et placez-la où le chiot pourra pousser dessus avec ses pattes. Ne tenez pas le biberon trop haut, assurez-vous que l'ouverture soit toujours humectée de liquide, ainsi le chiot n'aspirera pas d'air. Après l'avoir nourri, on peut lui faire faire un rot, comme un bébé, pour prévenir les coliques.

De force

◊ Si un chien est malade ou s'il n'a pas faim et que l'on doit le forcer à manger, utilisez une seringue ordinaire à oreilles en plastique mou ; la capacité est beaucoup plus grande que le compte-gouttes pour les yeux et le plastique mou ne lui fera pas mal aux gencives.

◊ Vous pourrez aussi couper le bout de la seringue pour en agrandir l'ouverture et faire passer des jaunes d'œufs, des céréales et même de la viande hachée coupée finement. Vous pourrez ainsi nourrir le chiot en quantité suffisante pour le garder en bonne condition.

◊ La méthode la plus efficace pour administrer de la nourriture à votre chien avec une seringue est de faire une poche dans ses joues ; vous lui en donnez de petites quantités avant de lui masser la gorge pour l'obliger à avaler.

Orphelins, chiots

◊ Ne nourrissez jamais un chiot naissant avec du lait ordinaire ou en poudre.

◊ Utilisez plutôt des mélanges contenant tous les ingrédients et vitamines nécessaires à sa santé. On trouve ces mélanges chez les vétérinaires, dans les centres spécialisés et dans les animaleries. Vous le nourrirez aux trois ou quatre heures.

PLATS

◊ Le plus difficile, pour votre chiot, lorsqu'il apprend à manger, c'est de baisser son menton ; on peut lui faciliter la tâche – et l'amener à un apprentissage plus rapide – en installant son plat à la hauteur de son menton.

◊ Pour nourrir les chiots qui sont en sevrage, servez-vous de contenants de cubes de glace en métal dont vous aurez retiré les divisions intérieures. Séparez les chiots en deux groupes, et donnez un plat à chaque groupe – ils ne se renversent pas aussi facilement que les assiettes à tarte en métal et les chiens peuvent s'aligner de chaque côté.

POSSESSIVITÉ

◊ Lorsque votre chiot est encore jeune, vous devriez lui enlever son plat à nourriture lorsqu'il est en train de manger, ou lui enlever un os ou un jouet de la gueule... afin de l'habituer à ne pas réagir avec agressivité à cette façon de faire. Elle pourrait se produire s'il est mis en présence d'enfants.

REPOS

◊ Les chiots ont besoin de beaucoup de repos et de sommeil pour demeurer en santé : ne réveillez pas inutilement un chiot qui dort.

TEMPÉRATURE DU CHIOT

◊ La température normale d'un chiot est de 39 °C (102,5 °F). Une température de 39,5 °C (103 °F) n'est pas alarmante mais, au-delà, elle peut indiquer un problème sérieux.

TOILETTAGE

Bain

◊ Il n'est pas recommandé de donner des bains à un tout petit chiot, quoique cela puisse parfois être nécessaire. Notez que ce n'est pas l'eau qui lui ferait du mal (sauf pour les risques d'attraper un rhume), mais le savon trop rude pour sa peau encore fragile.

◊ Si cela s'avère nécessaire, il faut utiliser un shampooing très doux et bien rincer. Vous le séchez ensuite complètement et le gardez dans une pièce chaude, loin des courants d'air, pendant plusieurs heures.

◊ Vous pouvez aussi le laver à sec, surtout pendant l'hiver. Vous trouverez les produits nécessaires dans les centres spécialisés.

Brossage

◊ La brosse à... légumes est un excellent outil pour brosser le chiot ; petite, courbée, elle rejoint toutes les parties de votre petit chien.

Oreilles

◊ Les oreilles du chiot devraient être régulièrement nettoyées, mais pas avec de l'eau. Appliquez de l'huile minérale ou pour bébé sur un coton et frottez très doucement.

DEUXIÈME PARTIE

Savoir comprendre

Alimentation

Il faut savoir quoi donner à son chien, quand et en quelle quantité. Il y a des aliments dont il faut se méfier. Il y a beaucoup à apprendre. Beaucoup à retenir aussi.

ABATS

◊ Le foie, le cœur, les reins, les tripes, etc. sont très nutritifs et contiennent les vitamines et minéraux essentiels. Une fois qu'on les aura fait cuire, on pourra en arroser la nourriture sèche.

◊ Lorsque vous faites cuire les abats, ajoutez un peu de jus de tomate pour en changer l'odeur.

◊ Faites bouillir le foie dans de l'eau salée, avec plusieurs gousses d'ail. Retirez-le ensuite du feu et coupez-le en petits morceaux. Placez ceux-ci sur une tôle à biscuits et faites-les cuire à 120 °C (250 °F) au four, pendant plusieurs heures. On peut aussi les ajouter à la nourriture sèche pour en augmenter la valeur nutritive.

◊ Le foie est très nutritif et les chiens l'adorent. Toutefois, cela peut causer la diarrhée chez certains chiens. Soulignons que c'est tout à fait indiqué pour les chiens qui ont des problèmes de constipation.

◊ Faites bouillir les abats quelques minutes ; retirez-les de l'eau, coupez-les en petits morceaux ; ajoutez 25 % de légumes et 25 % de céréales ; remettez au feu jusqu'à ce que le tout soit cuit.

ADDITIFS

◊ Notez que les additifs ne sont guère recommandés dans l'alimentation, pas plus qu'ils ne sont nécessaires puisque les nourritures actuelles, sèches ou humides, contiennent tous les éléments et vitamines nécessaires à la bonne santé de votre animal.

APPÉTIT

◊ Si votre chien refuse de manger un ou deux repas, ne vous inquiétez pas ; cependant, s'il refuse de manger pendant plus de deux jours, il y a tout lieu de consulter votre vétérinaire.

◊ Si votre chien semble avoir de l'appétit mais refuse les aliments que vous lui donnez, regardez dans sa gueule, il a peut-être des problèmes avec une ou plusieurs dents ; il peut aussi avoir quelque chose de coincé dans la gueule. Une autre possibilité est qu'il puisse souffrir d'un mal de gorge.

◊ Inspectez bien le sac de moulée, surtout si vous l'avez conservé dans un endroit humide : ne se serait-il pas formé de la moisissure ?

ATTENTION !

◊ Évitez de nourrir votre chien plusieurs heures avant qu'il ne se livre à un exercice physique fatigant.

◊ Après un exercice difficile, laissez votre chien se reposer pendant au moins une demi-heure avant de le nourrir.

◊ Pour prévenir les problèmes gastro-intestinaux, comme le gonflement, il est préférable de servir plusieurs petits repas par jour, plutôt qu'un gros — mais seulement si le chien a des problèmes.

BISCUITS

◊ Vous pouvez cuisiner des biscuits pour votre chien. En plus d'être nutritifs, ils sont peu coûteux et amusants à confectionner.

◊ Vous pouvez réduire ou augmenter les quantités dans les recettes que nous vous donnons, selon le nombre ou le poids de vos chiens.

◊ Remarquez qu'il n'y a pas d'agent conservateur pour en maintenir la fraîcheur ; donc, si vous faites cuire une grande quantité de biscuits, il est conseillé de les conserver au congélateur.

◊ Évitez la farine blanche, autant que possible. Utilisez plutôt de la farine de blé, d'avoine ou de son.

◊ Plus les biscuits seront secs et croustillants, meilleurs ils seront pour les dents de votre chien ; on peut arriver à ce résultat en laissant les biscuits dix minutes au four après que celui-ci est éteint.

◊ Voici trois recettes. Vous pouvez naturellement réduire ou augmenter les quantités, selon le nombre de chiens que vous avez et leur taille.

RECETTES

Recette 1

2 œufs battus
3 c. à soupe de mélasse
1/4 tasse d'huile végétale
1/4 tasse de lait
1 tasse d'avoine moulue
3/4 tasse de germe de blé
1/4 tasse de farine blanche
1/2 tasse de raisins (facultatif).
Mélangez les ingrédients et déposez par quantités de 1 c. à thé sur une tôle à biscuits graissée. Faites cuire à 175 °C (350 °F) pendant quinze minutes.

Fermez le four et laissez durcir les biscuits dix minutes.

Recette 2

Six tranches de bacon frit, émietté
4 œufs battus
1/8 tasse de gras de bacon et d'huile végétale
1 tasse d'eau
1/2 tasse de lait en poudre non gras
2 tasses de farine
2 tasses de germe de blé
1/2 tasse de maïs
Faites cuire à 175 °C (350 °F) pendant 25 minutes. Fermez le four et laissez durcir les biscuits dix minutes.

Recette 3

2 œufs battus
1/4 tasse de miel
2 tasses d'eau
1/2 tasse d'huile
1 tasse de lait en poudre
1 tasse de farine blanche
4 tasses de farine Graham
2 c. à thé de poudre d'ail
Mélangez et roulez dans un plat d'un demi-pouce de profondeur. Faites cuire à 175 °C (350 °F) pendant vingt minutes. Fermez le four et laissez durcir les biscuits dix minutes.

◊ Rien ne vous empêche de donner à vos biscuits des formes d'os!

BOUILLIS

◊ La viande devrait constituer au moins de 40 à 50 % de votre bouilli ; ajoutez-y des légumes et du riz brun (assurez-vous qu'il soit bien cuit), et faites cuire au moins une demi-heure.

◊ Les ingrédients pour un plat cuisiné à la maison devraient comprendre : de l'eau, des protéines, des hydrates de carbone, des gras, des vitamines et des minéraux. Avec ces ingrédients, votre chien aura les apports alimentaires nécessaires.

◊ Selon les aliments utilisés, les plats que l'on prépare à la maison pour son chien peuvent ne pas contenir suffisamment de vitamines et minéraux pour répondre à ses besoins. Par ailleurs, en ajouter approximativement peut être dangereux. Parlez-en à votre vétérinaire.

CAPRICIEUX, CHIENS

Des trucs pour le tenter

◊ La nourriture pour chats faite à base de foie ou de poulet tentera le chien le plus difficile.

◊ L'été, lorsque l'appétit est parfois réduit, ajoutez un peu de sel à sa nourriture ; la poudre d'oignon donne aussi de bons résultats.

◊ La levure de bière fait de petits miracles avec le chien capricieux ; donnez-lui quotidiennement une cuillère à thé par 12 kilos de son poids.

◊ Des restants de table, mélangés à la nourriture habituelle, devraient convaincre le chien le plus difficile.

◊ De l'eau chaude ajoutée à la nourriture relève la saveur des aliments.

◊ On peut tenter un chien en manque d'appétit avec du poisson (ou de la nourriture pour chats !).

◊ Le fromage est très nutritif et tentera les chiens les plus capricieux ; attention, cependant, car le fromage peut aussi provoquer la constipation.

◊ Un autre truc pour amener votre chien à manger : enduisez le bord de son plat de beurre ou de margarine !

CHANGEMENT D'ALIMENTATION

◊ Un changement brusque d'alimentation, pour un chien, peut provoquer des troubles digestifs ; lorsque vous vous apprêtez à faire ce changement, ajoutez graduellement un peu de la nouvelle nourriture à l'ancienne, jusqu'à ce que votre chien y soit habituée.

COMMERCIALE, NOURRITURE

En conserve (ou humide)

◊ N'utilisez pas que de la nourriture pour chiens en conserve, cela risque de favoriser le tartre. On conseille de mélanger de la nourriture humide à la nourriture sèche si l'on tient absolument à servir de la nourriture humide.

◊ La nourriture humide en conserve devrait contenir au moins 3/10 % de calcium.

◊ N'achetez pas de nourriture en conserve qui contient plus de 75 % d'eau.

◊ Examinez visuellement le contenu de plusieurs boîtes de conserve. Si vous y voyez des matières suspectes, n'hésitez pas à changer de marque.

Sèche (moulée)

◊ La nourriture sèche agit comme un abrasif sur les dents du chien et aide à les garder propres.

◊ Évitez les paquets qui ont été ouverts et que l'on a recollés.

◊ Cette nourriture ne se conserve pas de longue période. Évitez d'acheter dans les magasins où cette nourriture risque d'être là depuis longtemps.

◊ Ne conservez pas la nourriture dans des conte-nants galvanisés ; ils contiennent des proportions variables de zinc, un composant toxique.

◊ Pour éviter que des insectes ou même des ron-geurs ne s'attaquent à la nourriture, conservez-la dans des contenants bien fermés.

◊ Lorsque vous servez de la nourriture sèche, as-surez-vous que le chien ait de l'eau fraîche en quantité suffisante.

DIGESTION

◊ Pour prévenir les maux d'estomac, évitez les épi-ces, les fritures et la nourriture grasse.

DIGESTION, TEMPS DE

◊ Il faut compter généralement une quinzaine d'heures avant que le chien n'ait bien digéré sa nourriture.

DISTRIBUTEUR AUTOMATIQUE À MOULÉE

◊ Cet appareil permet de garder la nourriture sèche, et qu'elle reste toujours accessible au chien. On peut économiser de l'argent parce que le chien ne mangera alors que ce dont il a besoin.

◊ Assurez-vous toujours que votre chien ait suf-fisamment d'eau.

EAU, CONSOMMATION

◊ Il faut changer l'eau de votre chien au moins une fois par jour, deux fois de préférence. Plus souvent si la température est très chaude. Voyez aussi à ce qu'il n'en manque jamais.

ÉQUILIBRÉE, ALIMENTATION

◊ Trop de viande, de légumes ou de fibres peut provoquer des indigestions, des vomissements, des irritations de la peau, des gonflements, des gaz ou de la constipation. Un régime équilibré est la clé d'une bonne nutrition.

ÉTIQUETTES, INFORMATION SUR LES

◊ Un bel emballage et une publicité séduisante ne sont pas nécessairement synonymes de nourriture appropriée pour votre chien. Lisez attentivement les étiquettes. Mieux encore : écrivez à la compagnie pour recevoir une analyse complète de son produit. D'ailleurs, certaines distribuent maintenant des feuillets de renseignements sur la composition de la nourriture qu'elles offrent. Comparez les différentes marques et parlez-en à votre vétérinaire ou aux vendeurs de votre centre spécialisé.

◊ Si vous nourrissez votre chien avec un produit qui contient tous les éléments nutritifs essentiels, n'oubliez pas de déterminer quelle est la quantité recommandée selon la taille et le poids du chien. Autrement, celui-ci risquerait de ne pas recevoir les quantités de vitamines et de minéraux qui lui sont nécessaires.

◊ Sur les étiquettes, les ingrédients principaux sont inscrits en premier. Assurez-vous que, pour la nourriture humide, la protéine animale (un sous-produit de poulet, de porc, de bœuf ou d'agneau) soit inscrite parmi les deux premiers ingrédients ; en ce qui concerne la nourriture sèche, elle doit être inscrite parmi les trois premiers ingrédients.

FRIANDISES

◊ Ne donnez jamais de restants de table à votre chien durant la journée. Ces restants de table sont délicieux et peuvent le rendre capricieux à la longue.

◊ Nourrir un chien trop régulièrement avec des friandises déséquilibrera son alimentation.

GLOUTON, CHIEN

◊ Pour corriger ce problème, on peut répartir la quantité d'aliments quotidiens en plusieurs petits repas.

◊ Si votre chien avale goulûment sa nourriture, servez-vous d'un plus grand plat dans lequel vous placerez quelques grosses pierres pour l'obliger à surveiller ce qu'il mange tout en l'incitant à aller plus lentement. Assurez-vous toutefois de garder propres les roches et le bol.

GRAS ACIDES, LES

◊ On peut ajouter à l'alimentation de l'huile végétale ou du gras de bacon, à raison d'une cuillerée à thé par 500 grammes de nourriture sèche.

◊ Lisez toujours les étiquettes des boîtes de nourriture en conserve. Si le produit contient plus de 6 % de gras, n'en ajoutez pas.

◊ Si le contenu en gras s'élève à plus de 40 % de ce qui est nécessaire, cela peut causer des déficiences nutritionnelles.

◊ Un manque de gras dans l'alimentation peut provoquer le dessèchement de la peau, rendre les poils raides ou même entraîner une perte de poils.

HABITUDES

◊ Les chiens sont des animaux routiniers : ils aiment être nourris toujours à la même heure et au même endroit, mais ils n'apprécient guère de manger avec leurs congénères. Si vous avez plusieurs chiens, séparez leurs plats.

◊ N'oubliez pas que cette régularité dans son alimentation vous permettra de garder plus facilement votre chien propre, parce qu'il aura un cycle d'élimination déterminé.

LAIT

◊ Le lait est une excellente source de calcium et de vitamines. Malheureusement, chez certains chiens, il peut quelquefois causer des diarrhées. À cause de sa valeur nutritive, avant d'éliminer complètement le lait dans l'alimentation de votre chien, cherchez plutôt à en réduire la quantité.

◊ Le lait de chèvre est excellent pour les chiens qui sont malades, ou qui ont tendance à l'être ; il est aussi recommandé pour les chiens trop maigres.

LES MYTHES QUI CONCERNENT L'ALIMENTATION

◊ « Tout ce qui est sucré est nocif... »
Faux : ce l'est seulement s'il y a excès.

◊ « La nourriture doit être différente selon les races... »
Faux : un chien est un chien.

◊ « Les chiens ne doivent pas manger de féculents... »
Faux : il n'y a aucun problème lorsque les aliments sont cuits.

◊ « La nourriture humide peut causer du tartre... »
Faux : toute nourriture produit du tartre.

◊ « La viande de porc est dangereuse... »
Faux : il suffit qu'elle soit bien cuite pour éliminer tous les risques.

◊ « La viande crue rend un animal agressif... »
Faux : c'est un mythe qui est né alors que le chien avait à défendre sa nourriture.

◊ « Le lait peut produire des vers... »
Faux.

◊ « Les chiens ne devraient pas boire de lait... »
Faux : le lait est nutritif. Toutefois, il peut parfois provoquer la diarrhée.

◊ « Une alimentation composée uniquement de viande est la meilleure... »
Faux : les chiens ont besoin d'apports vitaminiques et caloriques que l'on ne retrouve pas dans la viande.

NOMBRE DE REPAS PAR JOUR

◊ Trop nourrir un chien n'est pas bon, avons-nous dit. Mais ne pas le nourrir suffisamment peut aussi provoquer des problèmes. On conseille généralement de donner trois repas par jour au chiot âgé de un à six mois ; deux repas par jour au chiot de sept mois à douze ou quatorze mois ; et un repas par jour au chien qui a dépassé cet âge.

OBÉSITÉ

◊ Réduisez la quantité de nourriture que vous donnez à votre chien, mais ajoutez des vitamines et des minéraux (voir « Régimes particuliers » dans ce chapitre).

◊ Faites-lui faire plus d'exercice. Suffisamment d'exercice évite ce genre de problème.

◊ Il existe de la nourriture spéciale pour chiens obèses que l'on peut également acheter dans tout centre spécialisé.

PLATS

◊ Certains plats en poterie ou à base de terre peuvent contenir des quantités dangereuses de plomb, à moins que ce plat n'ait été cuit correctement.

◊ Le plat recommandé pour servir la nourriture aux chiens, le meilleur et aussi, probablement, le moins cher est le plat en acier inoxydable. Il a l'avantage d'être presque indestructible et il peut être stérilisé.

◊ Pour les chiens hauts sur pattes, on peut placer les plats un peu plus haut que le sol. En plus d'être confortable pour l'animal, cela peut prévenir des problèmes de dos et de cou. On peut utiliser une boîte en bois ou une table d'enfant et y faire des trous dans lesquels on insérera solidement les plats de nourriture et d'eau.

◊ Il existe, par ailleurs, un plat fabriqué spécialement pour les chiens à longues oreilles ; la forme de ce plat empêche le chien d'avoir les oreilles mouillées et sales. On peut se procurer ces plats dans les principales animaleries ou dans les centres spécialisés.

POISSON

◊ Un tout petit peu de saumon cru ou de truite crue peut tuer. Ces chairs peuvent transmettre des virus. Les symptômes qui apparaissent sont le manque d'appétit, une soif extrême, et le chien semblera dépressif. Malheureusement, ces symptômes n'apparaissent que de dix à quatorze jours après que le saumon ou la truite ont été mangés.

POULET

◊ Le poulet est égal ou supérieur à la meilleure qualité de viande rouge, si l'on ne tient compte que de l'apport protéinique.

◊ Le poulet est excellent pour les chiens qui ont des problèmes de reins.

◊ Faites cuire le poulet sous pression (dans un Presto) jusqu'à ce que les os soient complètement dissous. Une gelée se formera en refroidissant. Versez sur la nourriture sèche pour y ajouter de la saveur et améliorer la valeur nutritive.

◊ La soupe au poulet est un excellent remède pour un chien malade ou en convalescence.

QUANTITÉ

◊ Plusieurs facteurs sont à considérer quant à la quantité de nourriture à donner à votre chien : son âge, ses activités, sa taille, etc.

◊ Rappelez-vous toujours que trop nourrir un chien est plus dangereux que de ne pas assez le nourrir.

◊ Si votre vétérinaire vous dit que votre chien est à un poids idéal, nourrissez-le juste assez pour qu'il garde ce poids.

RÉGIMES PARTICULIERS

Convalescence, pour le chien en

◊ Faites cuire du riz ou des nouilles et mélangez avec un bouillon de bœuf ou de poulet.

◊ Servez des œufs bouillis avec des toasts.

◊ La nourriture pour bébés offre une variété extraordinaire pour une alimentation spéciale.

« Contre le stress »

◊ Oui, certains chiens souffrent de stress. À ceux-là il faut servir une nourriture contenant une bonne quantité de protéines, modérément de gras et qui soit suffisamment riche en hydrates de carbone.

◊ Les sources de protéines : les œufs bouillis, la viande, le fromage Cottage. On trouve les hydrates de carbone dans les céréales cuites, le riz et le gruau. Utilisez de l'huile végétale pour le gras.

« Contre l'obésité »

◊ Il arrive que l'obésité ne soit pas due à une suralimentation... Consultez donc votre vétérinaire avant d'astreindre votre chien à un régime sévère.

◊ Certains régimes pour chiens souffrant d'obésité ne peuvent être achetés que chez votre vétérinaire ou dans un centre spécialisé.

◊ Ne changez pas son alimentation du jour au lendemain, en passant d'une alimentation normale à une diète sévère. Allez-y graduellement.

◊ Notez, pendant une semaine, le genre et la quantité de nourriture que vous donnez à votre chien avant d'aborder ce problème avec votre vétérinaire.

◊ Présentez à votre chien sa ration quotidienne en plusieurs petits repas. Ainsi, il ne se rendra pas compte de la baisse de quantité de nourriture.

« Par temps froid »

◊ Lorsque la température devient plus froide, servez de la nourriture riche en calories et en gras, afin que votre animal puisse produire cette énergie et cette chaleur qui lui sont nécessaires. N'augmentez pas la nourriture riche en hydrates de carbone (les aliments farineux, les féculents, etc.) car ils contiennent peu de gras.

« Par temps chaud »

◊ Réduisez la quantité de nourriture que vous servez à votre chien.

◊ Servez-lui une alimentation moins grasse.

◊ Nourrissez votre chien très tôt le matin ou très tard le soir.

« Sous prescription »

◊ Il existe des diètes en conserve ou sèche que votre vétérinaire peut vous conseiller et vous vendre ; il en existe pour les chiens souffrant de problèmes au cœur, aux reins ou aux intestins. Consultez votre vétérinaire ou votre centre spécialisé à ce sujet.

◊ On identifie ces diètes en conserve ou sèche par des abréviations anglaises. Les aliments identifiées « HT » *(heart trouble)* sont pour les chiens souffrant de troubles cardiaques ; « KD » *(older dogs with kidney trouble)* pour les chiens âgés souffrant des reins ; « LD » *(light diet)* – les diètes douces ; « PD » *(puppy diet),* pour les chiots ; « RD » *(low calories for overweight)* pour les chiens obèses.

« Pour chiens maigres »

◊ Ce qu'il faut, en résumé, à un chien trop maigre, c'est une nourriture plus riche.

◊ On peut se procurer des diètes sèches dans tout bon centre spécialisé.

◊ Pour les chiens qui sont trop maigres, ajoutez à leurs aliments une cuillerée à thé d'huile d'arachide et une demi-cuillerée à thé de miel.

◊ Une cuillère à thé de levure de bière pour un chien de douze kilos augmentera son appétit.

◊ Versez du lait battu sur ses aliments.

◊ Faites-lui essayer différentes marques de nourriture, mêlez de la nourriture en conserve à la nourriture sèche et ajoutez un bouillon à ses aliments.

◊ Ajoutez des raisins à la nourriture de votre chien : une demi-tasse de raisins ne contient pas moins de 225 calories.

◊ Vous pouvez aussi mélanger des pommes de terre en poudre à sa nourriture.

◊ Le lait de chèvre est excellent pour les chiens malingres comme il l'est d'ailleurs pour les chiots.

SELLES

◊ Si votre chien souffre de diarrhée, s'il a des gaz ou si ses selles semblent trop importantes en quantité (la cause de ce dernier problème est généralement une trop grande absorption de céréales ou de nourriture indigeste), cela peut indiquer des carences dans son alimentation. Surveillez donc ce que vous lui servez.

VITAMINES ET MINÉRAUX

◊ Des suppléments de vitamines et de minéraux peuvent être nécessaires si votre chien ne mange pas la quantité de nourriture recommandée sur les étiquettes de nourriture (commerciale). Ceci est encore plus vrai pour les chiens obèses qui suivent une diète.

◊ Attention ! Il faut toutefois éviter de trop donner de suppléments vitaminiques. Une surdose peut avoir des conséquences fâcheuses... Renseignez-vous auprès de votre vétérinaire ou de votre centre spécialisé.

Exercices

Des exercices ? C'est absolument essentiel. Mais encore faut-il savoir lesquels et dans quelles conditions il convient de les faire pratiquer.

ATTACHÉ, CHIEN

◊ La manière la plus sécuritaire de garder un chien attaché, c'est de fixer une corde ou un câble entre deux poteaux plantés à environ cinq mètres l'un de l'autre et à une hauteur de deux mètres. On passera dans cette corde ou ce câble, un œillet relié à une autre corde qu'on attachera au collier du chien. La corde à laquelle sera attaché l'animal pourra donc glisser sur toute la longueur de l'autre corde et lui donner ainsi plus d'espace pour faire de l'exercice.

ATTENTION, BESOIN D'

◊ Les chiens que l'on achète dans les chenils ou dans les animaleries ont besoin d'attention et d'affection plus que les autres. Avec ces animaux, jouez de quinze à trente minutes quotidiennement. Si votre chien a besoin d'exercice et que vous ne désirez pas en faire, vous pouvez fixer une longue corde à un poteau et attacher, au bout de cette corde, une vieille chaussette remplie de choses diverses en veillant à ce qu'elle ne contienne rien de dangereux. Laissez le chien la sentir puis lancez-la dans un grand cercle : le chien essayera de l'attraper.

AVANTAGES

◊ Grâce aux exercices, votre chien gardera une bonne forme et une bonne santé et cela lui évitera d'être malade.

◊ Les exercices physiques permettent à votre animal de garder un bon équilibre mental en plus de diminuer les effets du processus de vieillissement ; les exercices raffermissent également les muscles et sont un excellent moyen de prévenir l'obésité.

BALLE, RAMENER LA

◊ Pour qu'un chien ramène la balle qu'on lui lance, il faut qu'il y ait été habitué dès son jeune âge.

◊ Pour certains chiens, notamment les chiens de chasse, c'est là une activité naturelle ; mais, pour la majorité des races, il faudra le leur apprendre.

◊ Cette activité lui procure beaucoup d'exercice ; il vous sera alors moins nécessaire de faire de grandes promenades avec votre chien.

BALLONS

◊ Si votre chien ne montre aucun penchant pour l'exercice, donnez-lui quelque vieux ballon de soccer, de basket-ball ou autres. Il devrait s'amuser à le pousser et courir après.

BICYCLETTE

◊ Ce genre d'exercice est à déconseiller ; si l'on y tient, certaines précautions doivent être prises car, si le chien n'est pas bien entraîné, ce peut être dangereux pour le cycliste, les piétons et même les automobilistes.

◊ En aucun temps et pour aucune considération, on ne devrait astreindre un chiot à un tel exercice.

◊ Évitez de pratiquer ce genre d'exercice s'il y a beaucoup de circulation.

◊ Il ne faut jamais attacher la laisse à la bicyclette mais plutôt la tenir dans votre main.

◊ Commencez par de courts parcours, jusqu'à ce que les coussins des pattes du chien deviennent plus résistants.

◊ Enfin, répétons-le : ce genre d'exercice est déconseillé.

CACHETTE

◊ Vous commencez par cacher un biscuit, ou autre chose, dans un endroit que le chien peut voir et demandez-lui de le trouver. Avec le temps, vous pouvez rendre le jeu plus difficile, en vous cachant avant de dissimuler l'objet. Les chiens ont un bon sens de l'odorat et ils vont suivre l'odeur de vos pas.

COURSE, D'OBSTACLES

◊ Vous installez des obstacles que votre chien peut sauter avec facilité : des planches séparées par la distance que vous souhaitez le voir franchir ; vous pouvez installer une boîte de carton ou de gros tuyaux dans lesquels il aura à passer ; placez une rampe pour qu'il puisse monter. Faites travailler votre imagination et utilisez le matériel dont vous disposez.

COURSE À PIED

◊ La course à pied est un excellent exercice autant pour votre chien que pour vous ! Tenez toujours votre chien en laisse, à moins qu'il ne soit très bien entraîné. Notez qu'il peut être mauvais, au début, de trop forcer le chien à courir ; cet exercice est par ailleurs déconseillé pour les chiots.

DÉFENSE

◊ Lorsque vous promenez votre chien, en laisse, vous pouvez croiser un chien – sans laisse – qui menace d'attaquer le vôtre. Ne vous enfuyez pas – ça ne servirait à rien – et essayez un des petits trucs suivants :

◊ Servez-vous d'un pistolet à eau rempli d'un mélange fait d'une cuillerée à thé d'ammoniaque dans une pinte d'eau ;

◊ Le jus de citron artificiel vaporisé sur la figure d'un chien peut lui faire lâcher prise ;

◊ Servez-vous d'un pistolet à eau (le jet peut atteindre jusqu'à trois mètres) rempli d'un produit chimique qui ne sera pas dangereux pour le chien mais qui pourra l'effrayer. On trouve ces produits dans les centres spécialisés. Il est toutefois conseillé de vous informer auprès des policiers de votre municipalité car, à certains endroits, cette arme est défendue.

ENFANTS

◊ Les chiens qui sont assez chanceux pour vivre dans une famille où il y a des enfants font, en règle générale, suffisamment d'exercice. Mais rien ne vous empêche, si vous n'avez pas d'enfants, d'inviter quelques enfants du voisinage à venir jouer avec votre chien !

EXCRÉMENTS – PENSEZ-Y !

◊ En ville, lorsque vous faites faire de l'exercice à votre chien, apportez avec vous un sac de plastique pour ramasser ses excréments. C'est une question de civisme. D'autre part, plusieurs municipalités peuvent vous imposer une amende si vous ne le faites pas.

EXERCICE, MANQUE D'

◊ Si votre chien est laissé sans faire d'exercice pendant plusieurs jours et que vous ne le sortez que quelques minutes ou quelques heures et que vous le faites courir rapidement, cela peut être dangereux car ces exercices provoqueront de la pression et de la tension sur ses muscles qui sont affaiblis, par manque d'exercice justement. Soulignons aussi – ce qu'on ne fait jamais assez, ni assez souvent – que l'exercice qui est fait sur une base irrégulière peut provoquer des problèmes émotionnels et médicaux et peut même accélérer le processus de vieillissement.

EXERCISEURS AUTOMATIQUES

◊ Ces exerciseurs sont assez coûteux, mais ils peuvent peut-être vous être utiles puisque votre chien pourra faire des exercices sans que vous n'ayez quelque effort à faire. Pour plus d'informations à propos de ces appareils, renseignez-vous à votre animalerie.

◊ Le principe de ces exerciseurs est simple : vous attachez votre chien à l'appareil et vous le faites fonctionner. Notez que la vitesse est variable.

◊ Les premières fois, bien entendu, on débute avec des temps relativement courts que l'on augmentera au fil des entraînements.

FRISBEE

◊ Attraper un frisbee est un excellent exercice. Il a aussi l'avantage de ne pas être routinier.

GÉNÉRALITÉS

◊ Rappelons-nous que les chiens ont été élevés pour différentes raisons et que, selon les races, les besoins diffèrent. Les chiens d'utilité ou de protection ont besoin de plus d'activités physiques que les chiens de compagnie ou d'agrément.

◊ Tous les chiens devraient être contraints de faire une promenade au moins trois fois par jour, pour leur faire leurs besoins, naturellement, mais aussi afin qu'ils profitent de l'air frais et du soleil.

◊ Même les petits chiens ont besoin d'activités à l'extérieur.

◊ Les gros chiens ont besoin, en plus de leurs trois promenades quotidiennes, d'au moins une demi-heure de jeu actif ou d'exercice par jour.

◊ Les chiens âgés de dix ans et plus devraient aussi faire des exercices, quoiqu'on doive en réduire le temps.

◊ En ville, les chiens ne devraient pas être laissés sans surveillance, à l'extérieur, même si l'on veut les laisser courir librement pour qu'ils puissent se dégourdir. Si vous n'avez pas le temps ou le goût de vous promener avec eux en les tenant en laisse, il est préférable d'acheter plutôt un chat, un oiseau ou... des poissons !

◊ Demandez à votre vétérinaire de faire un examen complet de votre chien et demandez-lui quels sont les exercices que votre chien devrait pratiquer ; un chien qui a des problèmes cardiaques – ça existe – ne devrait pas faire d'exercices vigoureux.

LAISSES RÉTRACTABLES

◊ Si vous avez l'espace, vous pouvez utiliser une laisse rétractable. C'est une laisse d'une quinzaine de pieds qui s'enroule dans un mécanisme invisible, qui s'étire et se rétracte selon les mouvements qu'imprime le chien. Une laisse de ce genre, d'environ cinq mètres, permet à peu près 200 mètres carrés d'aire d'exercices.

NATATION

◊ Nager est une activité naturelle pour certaines races de chien ; d'autres doivent être encouragées.

◊ Lancez un bâton ou une balle dans l'eau pour que le chien puisse aller les chercher, mais attention de ne pas trop le fatiguer.

◊ Si la température n'est pas chaude, asséchez votre chien après la baignade.

◊ Si vous laissez votre chien nager dans une piscine, assurez-vous qu'il puisse en sortir lorsqu'il le voudra, par un escalier ou une rampe qu'il pourra atteindre. Sinon, il va se fatiguer, il risque de s'apeurer et de se noyer.

◊ N'oubliez pas de bien rincer votre chien dès qu'il sort de l'eau. Le chlore que l'on met dans les piscines peut provoquer des problèmes de peau ou une perte des poils.

OBÉISSANCE, COURS D'

◊ Un bon exercice, pour vous et votre chien, est de participer à un cours d'obéissance... Certains se donnent à raison d'une heure par semaine. Autre avantage que le simple exercice, vous avez là la possibilité de rencontrer d'autres gens et votre chien y rencontrera d'autres chiens !

◊ Les exercices quotidiens que l'on vous conseillera seront bénéfiques à votre animal.

◊ Dans ces cours d'obéissance on apprend au chien à s'asseoir, à courir, à sauter, à aller chercher des objets et à obéir à des ordres simples.

QUOTIDIENS, EXERCICES

◊ Les chiens doivent faire des exercices. Si votre horaire ne vous permet pas de promener votre chien quotidiennement, rien ne vous empêche de demander à un enfant responsable ou à une personne âgée, que vous voyez se promener régulièrement dans votre voisinage, de le faire pour vous.

SOUQUE À LA CORDE

◊ Deux chiens peuvent y jouer, ou le maître et son chien. Pour certains chiens, cela peut toutefois développer des tendances à l'agressivité, alors que pour un chien adulte, un peu timide, cet exercice peut être excellent.

◊ Vous pouvez utiliser un vieux jean ou tout autre matériel solide, quoiqu'il soit conseillé d'utiliser un appareil conçu pour cela ; parce que tous les vêtements utilisés seront susceptibles d'être déchirés.

◊ Il y a aussi un risque : les dents de l'animal. Il faut donc surveiller avec attention et ne pas jouer trop brusquement.

SURFACES PAVÉES

◊ Évitez de faire faire des exercices à votre chien sur des surfaces pavées ; d'ailleurs, les propriétaires de chevaux de course savent que marcher sur ces surfaces peut provoquer des lésions aux pattes. Il en est de même pour les chiens et spécialement pour les chiots.

VÊTEMENTS

◊ Les chiens d'intérieur sont sensibles aux éléments ; si l'on promene un chien à poils courts ou un vieux chien, par temps froid ou humide, il est préférable de lui enfiler un petit chandail.

Maladies et parasites ; Problèmes et remèdes

Les premiers symptômes à apparaître, lors de maladies, sont généralement le manque d'appétit, la diarrhée, la fièvre, les nausées, l'inflammation des yeux, et parfois les convulsions. Souvent, aussi, le chien sera beaucoup plus agité. Enfin, n'oubliez jamais que, dans quelque circonstance que ce soit, c'est le bon jugement qui doit prévaloir.

AVERTISSEMENT !

◊ Les soins que vous apportez à votre chien, à la maison, devraient être des soins provisoires. Dès que le malaise ou la blessure sont sérieux, ou dans le doute, il vous faut absolument consulter votre vétérinaire.

◊ Les soins suggérés ici sont donnés à titre informatif, et même si, dans la majorité des cas, ils ont donné de bons résultats nous ne pouvons trop vous suggérer de demander conseil à votre vétérinaire. Qui sait ? Votre chien est peut-être allergique à un aliment ou à un médicament.

◊ Il existe aussi des règles de base auxquelles on devrait s'astreindre. Parmi celles-ci :

◊ Évitez de donner à votre chien les médicaments que vous avez obtenus sous prescriptions pour vous-même ; l'intolérance de l'animal à certains de ces médicaments et les risques de surdose sont les dangers les plus fréquents ;

◊ Consultez un vétérinaire avant de donner quelque médicament que ce soit à votre chien ;

◊ Nombre de médicaments sont incompatibles, ne prenez donc pas le risque d'en donner plusieurs en même temps à votre chien sans en avoir d'abord parlé à votre vétérinaire ;

◊ Les médicaments qui datent de plus d'un an ne devraient jamais être utilisés. Pour vous en débarrasser, rien de plus sûr que de les jeter dans la cuvette de la toilette.

◊ Si votre vétérinaire prescrit des antibiotiques ou autres médicaments à votre chien, assurez-vous de suivre les indications qu'il vous a données.

◊ Certains médicaments peuvent provoquer des chocs chez certains chiens : observez donc attentivement votre chien après lui avoir donné un médicament, quel qu'il soit. S'il commence à tousser, à haleter rapidement, à éternuer ou à enfler, consultez aussitôt votre vétérinaire.

ABCÈS

◊ Lorsque les antibiotiques et parfois même une intervention ne sont pas parvenus à guérir un abcès, on peut réussir en donnant à l'animal des doses massives de multivitamines et de minéraux accompagnés de vitamines C et de protéines.

◊ On ne peut que conseiller de donner de l'ail au chien.

◊ Si cela est possible, on pourra aussi faire un cataplasme (voyez « Cataplasme » dans ce chapitre).

AIL

◊ L'ail possède un grand pouvoir curatif. Même si vous ne croyez pas à ses effets, il n'y a aucun risque à en donner au chien puisque c'est un aliment qui contient des vitamines, des minéraux et des fibres.

ANÉMIE

◊ Lorsqu'on constate cette maladie chez le chien, il est conseillé de lui donner à manger des œufs bouillis, du foie, du persil, des légumes verts, de la levure de bière, de la vitamine B_{12} et du germe de blé.

ARTHRITE

◊ Il faut d'abord et avant tout éliminer de son alimentation tout ce qui est acide.

◊ Faites une tisane de luzerne que vous verserez ensuite sur ses aliments. La luzerne contient plus de vitamines et de minéraux que la majorité des autres plantes.

◊ À sa nourriture, ajoutez du persil frais.

◊ Massez, trois fois par jour, les membres atteints d'arthrite avec ce mélange : 4 cuillerée à soupe d'huile d'olive mélangée avec 1 cuillerée à soupe d'huile de tournesol et 1/2 cuillerée à soupe d'huile d'eucalyptus.

◊ On peut aussi ajouter, chaque jour, une cuillerée à soupe de pollen d'abeille dans sa nourriture (ce dosage vaut pour un chien de grosseur moyenne).

BLESSURES LÉGÈRES

◊ Si la blessure est mineure, même s'il y a du pus, laissez votre chien la lécher ; sa salive aidera à la guérison.

◊ Toutefois, si la blessure semble s'irriter – parce que le chien la lèche trop ? – il faudra songer à lui faire porter un collier élisabéthain (voir « Bandage » au chapitre « Premiers soins »).

BOUCHE, MAUX DE

◊ Si votre chien souffre de maux de bouche, donnez-lui quotidiennement de la niacine, de la riboflavine, des vitamines A, B_2, B_3 et C.

◊ Appliquez du bleu de méthylène sur la plaie.

◊ Une solution, faite d'un peu de sel ajouté à de l'eau avec laquelle on massera les gencives deux ou trois fois par semaine, évitera la pyorrhée et la formation de tartre.

BRÛLURES AU PREMIER DEGRÉ

◊ Appliquez d'abord de l'eau glacée sur la brûlure jusqu'à ce que la douleur soit partie. On enduira ensuite la partie brûlée d'un onguent à base de vitamine E.

◊ On peut aussi appliquer de l'eau glacée jusqu'à ce que la douleur soit atténuée puis on recouvrira de miel.

CATAPLASMES

◊ Les cataplasmes sont utilisés depuis très longtemps pour éliminer les toxines, réduire les inflammations ou encore guérir les blessures ; il existe plusieurs façons d'en composer :

◊ On peut écraser un navet bouilli, en placer la pâte sur la blessure et entourer le tout d'un bandage ;

◊ On mélange des oignons, du miel et de l'huile d'olive que l'on place ensuite sur l'endroit inflammé, avant d'appliquer de la gaze et un bandage ;

◊ Faites chauffer la moitié d'un oignon cru au-dessus d'une flamme, puis posez les morceaux sur la blessure. Placez ensuite un bandage léger.

CICATRISATION

◊ Un onguent à base de vitamine E appliqué sur une coupure ou une éraflure prévient la formation de cicatrice.

CONSTIPATION

◊ C'est sans doute l'huile minérale qui combat le mieux la constipation chez le chien ; donnez-en plus ou moins une cuillerée à thé (pour un chien de grosseur moyenne).

◊ Donnez à manger à votre chien des fruits frais ou séchés et spécialement des mûres.

◊ Vous pouvez ajouter des fibres à son alimentation.

◊ Ajoutez du foie et du lait à son alimentation.

◊ Faites-lui faire plus d'exercice.

DIARRHÉE

◊ Lorsque votre chien souffre de diarrhée, empêchez-le de manger pendant vingt-quatre heures ; pendant ce temps ne lui donnez qu'un peu de miel ou d'ail et ne lui donnez à boire que du jus de citron mêlé à son eau.

◊ Lorsque ce jeûne est achevé, recommencez à le nourrir, mais en ne lui donnant que de petites portions à plusieurs reprises : trois ou quatre jours de ce régime devraient suffire. Voici alors ce qu'il est conseillé de lui donner :

◊ Du riz ou de la viande hachée bouillie dont on aura enlevé le gras.

◊ Ne donnez à votre chien aucun produit à base de lait ou de matière grasse.

◊ Lorsque votre chien aura vraiment retrouvé sa forme, vous pourrez alors revenir à son alimentation habituelle.

DIGESTION

◊ Parfois, les bactéries vivant dans l'intestin de l'animal, et dont le travail est essentiel à une bonne digestion, ne fonctionnent pas de façon normale ; la situation est fréquente lorsque le chien a pris des antibiotiques. On pourra alors lui donner des yaourts, lesquels contiennent de l'acide lactique qui combat efficacement les bactéries nuisibles de l'intestin.

ESTOMAC, MAUX D'

◊ Faites un mélange à parts égales de jus de chou et de jus de tomate et donnez-en à l'animal une cuillerée à soupe à toutes les heures.

FOIE, EN MORCEAUX

◊ Le foie, acheté en morceaux, est une excellente source de vitamines B.

FOULURES

◊ Au cours des premières heures, appliquez des compresses d'eau froide toutes les quinze minutes.
◊ Essayez de faire en sorte que le chien ne bouge pas trop.
◊ Consultez votre vétérinaire pour voir s'il s'agit bien d'une foulure et non d'une cassure.

GAZ

◊ On peut régler ce problème en ajoutant quotidiennement quelques gousses d'ail à la nourriture du chien.
◊ Si l'estomac du chien laisse entendre des bruits, c'est peut-être que l'animal souffre d'une carence

en potassium : donnez-lui les pelures d'une ou deux pommes de terre crues à manger. Les feuilles de pissenlit et la mélasse, toutes deux également riches en potassium, peuvent aussi faire le même effet.

◊ Évitez de donner à votre chien du fromage Cottage, des œufs bouillis, trop de viande, trop de gras ou encore des légumes de la famille du chou.

◊ Le yaourt aidera au développement des bonnes bactéries contenues dans les intestins. Ainsi les aliments seront digérés plutôt que de se putréfier et causer ainsi des gaz.

HALEINE, MAUVAISE

◊ Des comprimés de charbon peuvent aider à guérir ce problème s'il est provoqué par des troubles digestifs.

HYPERACTIF, CHIEN

◊ Les chiens sont également victimes d'allergies. Si, malgré un examen médical complet, vous ne savez toujours pas pourquoi votre chien est agité, hyperactif, qu'il boit beaucoup et perd son appétit, il est temps d'envisager la possibilité qu'il soit allergique à la nourriture commerciale qui contient des agents de conservation, des additifs, des colorants, etc.

◊ Il vous faudra alors vous résoudre à lui préparer des plats personnalisés : mélangez du bœuf, du riz brun, des œufs, des légumes, du gruau, du germe de blé et de la levure de bière. Vous avez là tous les éléments essentiels à une bonne nutrition. Préparez-en un gros plat, ça vous évitera ainsi d'avoir à cuisiner tous les soirs pour votre animal.

◊ Pour le chien hyperactif, ajoutez un peu de thym à sa nourriture : c'est un (excellent) tranquillisant naturel. Vous pouvez aussi lui donner de la vitamine B_1, B_5 et B_6.

INDIGESTIONS

◊ Ajoutez simplement une gousse d'ail à sa nourriture.

◊ La papaye contient un ingrédient efficace pour guérir les indigestions et les diarrhées chroniques. Vous pouvez soit mettre de la papaye directement dans la nourriture du chien, soit lui donner des comprimés de papaye (que vous trouverez dans les magasins d'aliments naturels), à raison d'un comprimé par jour pour les gros chiens.

JEÛNE

◊ Le jeûne aide à la régénération de l'organisme humain... et en est de même pour les animaux. Il faut d'ailleurs savoir que les animaux sauvages ne se nourrissent pas régulièrement. Ils laissent ainsi, de temps à autre, des répits à leur système digestif.

◊ Si votre chien n'est pas malade mais semble léthargique ou amorphe, sautez quelques repas et donnez-lui uniquement de l'eau et du miel. Il ne s'en portera que mieux.

MÉDICAMENTS LIQUIDES

◊ La façon la plus facile de procéder pour donner un médicament liquide à un chien est de retirer l'aiguille d'une seringue que l'on remplit ensuite avec la quantité nécessaire du médicament ; il ne vous reste plus ensuite qu'à l'injecter doucement dans le côté de la bouche du chien. Cette façon de faire est particulièrement recommandée pour les chiots. Naturellement, la seringue peut être réutilisée après avoir été lavée.

◊ Pour les chiots et les chiens miniatures, on peut se servir d'un compte-gouttes ou encore d'un biberon de poupée.

◊ Il n'est pas nécessaire d'ouvrir la gueule du chien pour lui donner un médicament liquide. Tirez simplement sa lèvre du bas et donnez-lui le médicament avec une cuillère.

MÉDICATION ET DOSAGE

Dosage

◊ Rappelez-vous que tout médicament est potentiellement dangereux, s'il n'est pas utilisé selon le mode d'emploi ou s'il est utilisé à l'à-peu-près. Soyez donc toujours très attentif.

◊ Lorsque vous administrez un médicament pour une maladie mineure, comme un rhume, et que vous ne connaissez pas la dose exacte, voici quelques informations auxquelles vous pouvez vous fier en cas de nécessité. Mais gardez à l'esprit que, comme les humains, chaque chien réagit différemment.

◊ Pour un gros chien (c'est-à-dire pesant environ une cinquantaine de kilos), on lui donne sensiblement la même dose que celle qui est prescrite à l'homme.

◊ Avant d'être pris au dépourvu, dressez une liste de médicaments courants, de leur usage et de leur dosage – liste que vous pourrez éventuellement établir avec votre vétérinaire en fonction de votre chien.

◊ Dans le doute, consultez votre vétérinaire.

Médication

◊ Aspirine
Usage : aide à réduire la douleur et la fièvre.
Dosage :

◊ Charbon activé
Usage : évite l'assimilation de produits toxiques par l'organisme.
Dosage :

◊ Sirop de Coca-Cola
Usage : aide à contrôler les nausées et les vomissements.
Dosage :

◊ Comprimés contre le rhume
Usage : apportent une aide (temporaire) à la congestion nasale. Ne pas en donner pendant plus de deux jours.
Dosage :

◊ Sels d'Epsom
Usage : purgatif.
Dosage :

◊ Peroxyde d'hydrogène 3 %
Usage : vomitif.
Dosage :

◊ Lait de magnésie
Usage : laxatif et antiacide.
Dosage :

◊ Huile minérale
Usage : lubrifiant et laxatif.
Dosage :

◊ PeptoBismol
Usage : contrôle les nausées et la diarrhée.
Dosage :

◊ Bicarbonate de soude
Usage : antiacide, contrôle les nausées.
Dosage :

Applications locales

◊ Ozonol
Usage : aide à guérir les blessures, les éraflures et les irritations.
Application : étendez généreusement sur la peau.

◊ Peroxyde d'hydrogène 3 %
Usage : antiseptique.
Application : utilisez sur les parties infectées.

◊ Bicarbonate de soude
Usage : neutralise les brûlures provoquées par l'acide.
Application : mélangez une cuillerée à soupe dans une tasse d'eau, appliquez sur la blessure et rincez avec de l'eau claire.

◊ Vinaigre
Usage : neutralise les brûlures alcalines et peut être utilisé contre les piqûres d'abeilles.
Application : versez sur la plaie et rincez à l'eau claire.

MÉLASSE

◊ La mélasse, celle que nous-même consommons, est une excellente source de calcium et de magnésium ; c'est la raison pour laquelle on en donnera à la chienne enceinte comme aux tout jeunes chiots. Pour un chien de grosseur moyenne la dose sera d'une cuillerée à soupe par jour.

OREILLES

Chancres

◊ Les chancres dans les oreilles, où ils se situent généralement dans la partie inférieure, produisent l'écoulement d'un liquide épais et noirâtre. Pour soigner, une fois par jour on pressera une gousse d'ail, dont on versera le jus sur la plaie. Et on nettoiera l'intérieur de l'oreille.

◊ Pour les chiens qui ont de longues oreilles pendantes, coupez les poils à l'intérieur de l'oreille, ou encore rassemblez-les sur le dessus de la tête. Quelle que soit la manière que vous choisirez, vous permettrez ainsi une meilleure circulation d'air.

◊ Notez que les chancres d'oreilles, lorsqu'ils sont chroniques, peuvent être causés par un manque de gras dans l'alimentation. La solution la plus simple est alors d'ajouter du gras de bacon à la nourriture de votre chien.

Maux

◊ Si votre chien se frotte les oreilles et semble avoir mal sans que vous ne puissiez en déceler la raison, versez-lui une goutte d'huile d'eucalyptus tiède dans l'oreille, cela soulagera la douleur.

PARASITES EXTERNES

Poux

◊ Notez bien, avant tout, que les poux sont très très rares chez les chiens.

◊ Une invasion sérieuse de poux peut causer l'anémie.

◊ Les poux peuvent causer des ravages intenses et peuvent aussi contenir des larves de ver solitaire.

◊ Pour contrôler les poux, rien de plus simple : gardez votre chien toujours propre !

◊ Rappelez-vous que les poux ne se propagent que par contact direct. Aussi est-il recommandé de ne pas utiliser les mêmes instruments de toilettage sur des chiens différents.

◊ Peignez votre chien avec un peigne à dents fines pour enlever les œufs ; placez-le sur un papier journal pour ce faire et brûlez ensuite le papier.

◊ Plusieurs insecticides vont tuer les poux mais pas les œufs. Pour le chien vraiment infesté il peut s'avérer nécessaire de le raser. Il faut aussi, alors, continuer de lui donner, tous les dix jours, une lotion contre les poux et les puces pour éliminer le cycle de reproduction.

◊ La plupart des produits qui contrôlent les tiques et les puces vont également tuer les poux, mais lisez l'étiquette pour en être sûr.

PUCES

◊ Les puces peuvent provoquer de très graves réactions allergiques chez certains chiens, aussi convient-il de surveiller attentivement leur apparition, soit à cause des saisons propices, soit lorsqu'on se rend dans un lieu où l'on en retrouve.

◊ Certaines puces peuvent entraîner l'apparition du ver solitaire.

◊ Lorsque le chien se gratte, à cause des piqûres de l'insecte, il peut involontairement provoquer des infections sérieuses de la peau.

◊ Les solutions déjà préparées, généralement en aérosol, sont probablement les plus efficaces pour éliminer les puces.

◊ Il existe des shampooings spécialement destinés à combattre des insectes indésirables.

◊ Deux capsules d'ail, données quotidiennement, combattent efficacement les puces.

◊ Soulignons que quelques cuillerées à thé de soda à pâte diluées dans une tasse d'eau permettent d'éliminer l'irritation en surface. Cela reste particulièrement utile lorsqu'il y a des plaies.

◊ Placez du bran de scie de cèdre dans la litière de votre chien : les puces vont s'en aller parce qu'elles ne peuvent tolérer l'odeur du cèdre.

◊ Vous pouvez aussi saupoudrer du sel dans la niche et la litière du chien.

◊ Utilisez une solution saline forte pour laver la cour et la maison. N'oubliez pas que les puces peuvent également continuer à se reproduire dans les tapis ou les tissus. Si vous n'y prenez garde, vous pourriez avoir à faire face à un problème très sérieux en peu de temps.

Description

◊ On reconnaît les œufs de puces à leur apparence : ils sont noirs et à peu près de la grosseur d'un grain de sel.

◊ Les œufs deviennent des larves, qui mesurent près d'un quart de pouce et sont de couleur blanche à crème.

◊ Notez qu'une femelle peut pondre jusqu'à 500 œufs dans sa vie qui dure 200 jours.

◊ L'humidité et la chaleur sont essentielles pour l'éclosion.

◊ Les œufs peuvent se développer dans la litière du chien, dans les tapis, dans les tissus des meubles, etc.

◊ Les puces peuvent être transmises d'un chien à un autre.

Contrôle des puces

◊ Les produits pour combattre les puces, et que l'on retrouve dans les animaleries ou les centres spécialisés, ou encore chez votre vétérinaire, sont principalement :

◊ Le collier ;

◊ Les insecticides, en gouttes ou en vaporisateur ;

◊ La poudre ;

◊ Le savon ;

◊ La médication orale.

Éliminer les puces dans la maison

◊ La méthode la plus drastique (et sans conteste la plus efficace) est la fumigation.

◊ On peut aussi utiliser des bombes à aérosol contre les puces.

◊ Idéalement, il faudrait laver les tapis. Mais on peut aussi passer l'aspirateur à quelques reprises, sans oublier de brûler le sac qui contient le ramassis. Les puces pourraient s'y développer.

◊ Lavez tous les matériaux (literie, couvre-lit, housse des divans, etc.) qui ont pu être infectés.

◊ N'oubliez pas qu'il faut toujours suivre les instructions à la lettre lorsque vous utilisez les aérosols.

Éliminer les puces sur le chien

◊ Mettez des gants de caoutchouc lorsque vous lavez votre chien pour le débarrasser des puces.

◊ Mettez-lui de la vaseline autour des yeux, aux abords des paupières et sur les testicules, s'il s'agit d'un chien mâle,

◊ Lavez votre chien à l'eau claire avant de l'asperger avec un désinfectant à puces. Attendez ensuite que le chien sèche naturellement. N'utilisez pas de serviette pour l'assécher.

◊ Ne laissez pas vos jeunes enfants jouer avec le chien jusqu'à ce qu'il soit sec. L'idéal serait même d'attendre deux ou trois jours parce que ce qui reste de pesticide pourrait être dangereux.

TIQUES

Les dangers

◊ L'anémie due à une perte de sang ;
◊ La paralysie ;
◊ La dermatite ;
◊ L'infection du sang et la fièvre;
◊ Peut provoquer la maladie de Lyme, qui est transmissible aux humains et est très dangereuse.

Prévention

◊ Si vous vivez dans un endroit qui est infecté de tiques, inspectez quotidiennement votre chien.
◊ Gardez les mauvaises herbes de votre voisinage coupées au ras du sol et si c'est possible brûlez-les.
◊ Les aérosols contre les tiques vont les éliminer en quelques jours seulement.
◊ Une tique adulte peut pondre approximativement 5 000 œufs, c'est dire l'importance qu'il faut accorder à ce parasite qui peut littéralement infester votre maison. Si vous en avez constaté l'apparition sur votre chien, il y a de forts risques qu'il y en ait aussi chez vous : il vous faut alors soit engager des exterminateurs professionnels pour fumiger votre maison, soit vaporiser des insecticides dans toutes les fissures ou crevasses de la demeure.
◊ La literie, la niche, etc. d'un chien affecté de tiques doivent être entièrement nettoyées et désinfectées jusqu'à ce que vous ne trouviez plus aucune trace de ce parasite.

Paralysie

◊ Seul un très faible pourcentage de morsures de tiques peut causer la paralysie ; toutefois, une femelle tique enceinte peut provoquer la perte de coordination chez le chien : il ne saura où aller, et ses pattes de derrière plieront sans avertissement. Cependant, tout revient à la normale partiellement ou totalement quelque douze heures après que la tique est retirée.

◊ Les tiques mâles n'enflent pas après avoir bu le sang de votre chien ; elles ne provoquent donc aucune paralysie.

Éliminer les tiques

◊ Mettez de la vaseline, de l'huile à salade, ou toute autre matière grasse qui empêchera la tique de respirer : elle lâchera alors prise.

◊ Noyez la tique avec de l'alcool à friction ou encore du camphre, cela l'affaiblit et elle devient dès lors plus facile à enlever.

◊ Utilisez des pinces à sourcils pour la retirer. N'oubliez pas que la tique entière devra être enlevée parce que si sa tête restait dans la peau du chien, elle pourrait causer une infection.

◊ Brûlez ou écrasez les tiques après les avoir retirées car elles peuvent encore pondre des œufs et commencer une autre invasion.

◊ Après avoir retiré la tique du chien, mettez-lui du peroxyde d'hydrogène ou un autre antiseptique pendant quelques jours.

◊ Attention : n'écrasez pas les tiques entre vos doigts car elles peuvent vous transmettre des maladies.

PARASITES INTERNES

Avertissement !

◊ Il n'existe aucun médicament ou drogue capable de tuer tous les parasites.

◊ L'examen microscopique des selles par un technicien averti est le seul moyen d'arriver à un diagnostic fiable.

Vers

◊ Ramasser les excréments de votre chien n'élimine pas automatiquement les risques de contracter des parasites, mais cela limite le problème au minimum parce que le chien ne se réinfecte pas lui-même.

Les 4 variétés (communes) de vers sont :

◊ Le ver à crochet ;

◊ Le ver rond ;

◊ Le ver solitaire ;

◊ Le ver fouet.

Avertissement

◊ Il n'est pas recommandé de retirer vous-même les vers de votre chien sauf si :

◊ Vous pouvez évaluer la condition de votre chien ;

◊ Vous connaissez bien les médicaments auxquels vous devez avoir recours ;

◊ Vous connaissez le bon dosage des médicaments contre les vers ;

◊ Vous comprenez le cycle de vie de ces parasites.

Ver du cœur

◊ Ce parasite est transmis par les insectes ; les vers du cœur se développent particulièrement dans le côté droit du cœur, dans les grosses veines et dans les artères des poumons.

Symptômes

◊ Le chien se fatigue facilement ;
◊ Il tousse constamment ;
◊ Il respire avec difficulté ;
◊ Il perd du poids.

Détection

◊ La seule façon de déterminer si votre chien a des vers du cœur est un examen de son sang au microscope.

Traitement

◊ Les médicaments.

Prévention

◊ Faites passer un examen à votre chien tous les six mois, si vous demeurez dans un endroit où vous savez qu'il y a beaucoup de ces vers, ou qui est infesté de moustiques.

Contrôle

◊ Si votre chien n'a pas de vers du cœur, un vétérinaire peut vous donner un médicament à lui faire prendre durant la saison des moustiques.
◊ Plusieurs chasse-moustiques conçus pour les chevaux sont aussi excellents pour les chiens.

VER À CROCHET

◊ Le ver à crochet ne peut pas être découvert et diagnostiqué de façon certaine sans l'aide de votre vétérinaire.

Description

◊ Un ver à crochet mesure de un quart à un demi-pouce et est d'une couleur rougeâtre ou grisâtre ; il se colle aux parois du petit intestin et suce le sang.

Symptômes

◊ Les larves de ce ver, qui voyage à travers la peau, peuvent provoquer des démangeaisons.

◊ Ce ver, dans les intestins, peut provoquer des diarrhées avec des écoulements sanguins ; les gencives deviennent pâles ; le chien perd du poids, il est plus faible. Dans les cas les plus graves, les selles sont goudronneuses et noires.

Contrôle

◊ Les œufs de ce ver peuvent être éliminés dans la niche du chien et son entourage immédiat en mélangeant cinq gallons d'eau avec quinze livres de sel qu'on verse sur les lieux ; cela couvre environ 500 pieds carrés. Il faut répéter l'opération tous les mois.

◊ Attention, si vous appliquez ce mélange sur un terrain cela peut tuer la végétation.

VER ROND

Description

◊ Il est blanchâtre ou jaunâtre ;
◊ Il mesure environ cinq pouces ;
◊ Il est pointu aux deux extrémités ;
◊ Il s'enroule lorsqu'il est vivant et il est droit lorsqu'il est mort.

Symptômes

◊ Le chiot a le ventre gonflé ;
◊ Les gencives sont pâles ;
◊ Il souffre de diarrhée ;
◊ Il souffre de vomissements occasionnels ;
◊ Bien sûr, des vers apparaissent dans ses selles.

Détection

◊ Faites analyser ses selles.

Prévention

◊ Les œufs de ce ver peuvent être détruits en mélangeant un gallon d'eau avec 2,75 livres de sel de table que vous mettez dans sa niche ou dans la cour. Il faut environ un gallon par cent pieds carrés. L'opération est à répéter tous les mois.

◊ Ramassez ses selles et lavez fréquemment la literie pour prévenir la réinfection.

VER SOLITAIRE

Description

◊ Le ver solitaire (ou ténia) est un parasite intestinal qui, à un certain stade de sa vie, peut être transmis par différents intermédiaires tels les mouches, les rongeurs, du poisson, du porc cru ou du bœuf.

◊ Les segments frais sont d'un blanc opaque ou rosé ; ils sont plats et quelque peu rectangulaires dans leurs contours.

◊ Les segments secs sont jaunâtres et ont la forme de grains de riz.

Prévention

◊ Éliminez les puces, les rongeurs et inspectez très attentivement les viandes crues.

Symptômes

◊ Diarrhée légère ;

◊ Démangeaison autour de l'anus ;

◊ Le chien mange beaucoup mais ne grossit pas ;

◊ Les segments de ténia peuvent être retrouvés dans les selles, dans les poils autour de l'anus ou dans la literie.

Traitement

◊ Pour éliminer le dernier anneau du ver solitaire, donnez à votre chien l'équivalent de huit onces de graines de citrouille. Ce dosage convient à un gros chien.

◊ Il est toutefois préférable de consulter son vétérinaire dans ce cas.

VER FOUET

◊ Les vers fouets sont des parasites intestinaux qui vivent dans le gros intestin ; ils sont aussi gros qu'un gros morceau de corde (les 3/4 de sa longueur sont aussi gros qu'un cheveu et le dernier quart est beaucoup plus gros).

◊ Plusieurs symptômes sont les mêmes que ceux du ver à crochet.

◊ Les œufs ont besoin d'un environnement humide, c'est pourquoi il convient de garder la niche du chien très sèche.

PATTES ET COUSSINETS

◊ Pour les coussinets craquelés et douloureux, faites-les tremper dans une solution à base de feuilles ou d'aiguilles de pin que vous aurez auparavant fait infuser.

◊ Faites bouillir des pelures de patates pendant quinze minutes, avant de faire tremper les pattes de l'animal dans cette eau quatre fois par jour et ce, à raison de dix minutes à la fois.

PILULES

◊ Si une grosse pilule doit être coupée en deux, utilisez des ciseaux ou un gros coupe-ongles pour éviter l'émiettement du comprimé.

◊ Quelques façons de dissimuler une pilule : on peut l'enrober de viande hachée, de fromage ou encore de beurre d'arachides : aucun chien n'y résiste !

◊ Vous pouvez aussi enduire la pilule d'un peu de beurre afin qu'elle glisse plus facilement dans la gorge du chien. On place d'abord un peu de beurre sur le nez du chien qui, bien sûr, le léchera, avant de lui donner la pilule enrobée de beurre qu'il ne refusera certainement pas !

PIQÛRES

Abeilles

◊ Après avoir retiré le dard, on appliquera de la glace sur la piqûre jusqu'à ce que l'enflure ait disparu.

◊ En lieu et place de la glace, on pourra aussi appliquer du miel. Le traitement est tout aussi efficace !

Araignées

◊ Pour soulager, appliquez un mélange de sel, de soda et d'eau sur la blessure.

Insectes

◊ Écrasez un oignon cru et appliquez-le immédiatement sur la plaie.

◊ Si vous n'avez rien d'autre sous la main, mettez une petite boule de boue sur la piqûre.

◊ De l'Ozonol s'avère également très efficace.

POIL, POUR FAIRE POUSSER LE

◊ Ajoutez à sa nourriture des feuilles de pissenlit coupées.

◊ Frottez son poil avec de l'huile de ricin, mais évitez que votre chien n'aille ensuite jouer ou se coucher sur les tapis.

◊ Vous pouvez aussi ajouter des algues à son alimentation. La poudre d'algue se vend dans la plupart des magasins de produits naturels.

POLLEN

◊ Selon plusieurs études réalisées au cours des dernières années, le pollen se révèle un des aliments les plus concentrés et nutritifs qui soient ; quiconque veut s'en procurer en trouvera généralement dans tous les magasins de produits naturels.

◊ On peut avoir recours au pollen dans les situations suivantes :

◊ Pour simplement conserver votre chien en bonne santé ;

◊ Pour les plus vieux chiens qui peuvent souffrir d'arthrite ;

◊ Pour les chiennes enceintes ou celles qui allaitent ;

◊ Pour les mâles en chaleur ;

◊ Pour les chiens en convalescence.

◊ Dans tous les cas, la dose sera de une cuillerée à soupe par 25 kilos du poids de l'animal, une fois par jour.

POUDRE D'OS

◊ Cette source naturelle de calcium et de phosphore est excellente pour les jeunes chiots et les chiennes enceintes ou qui allaitent. On s'en procurera dans les magasins d'aliments naturels. Le dosage recommandé pour un chien de grosseur moyenne est d'environ 1,5 cuillerée à soupe.

RÉTENTION D'EAU

◊ Si votre chien semble souffrir de gonflement, c'est peut-être qu'il souffre de rétention d'eau ; donnez-lui alors du persil ; à cause du potassium qu'il contient cela devrait régler le problème.

SALIVATION EXCESSIVE

◊ Si votre chien a une salivation excessive, examinez-lui la gueule afin de voir s'il n'aurait pas une mauvaise dent, une coupure, etc.

◊ Une salivation excessive indique souvent un manque de phosphore ; il faudrait alors ajouter à l'alimentation de votre chien du fromage, des jaunes d'œufs, des légumes verts et du bœuf.

SOLEIL, RAYONS DU

◊ Le soleil est essentiel pour la santé de votre chien; il est une excellente source de vitamine C, importante, on le sait, pour la croissance, pour le renforcement des os et des dents de votre chien.

◊ Le soleil contribue aussi à équilibrer le système nerveux.

◊ Le soleil aide à guérir bon nombre de problèmes de peau.

◊ N'oubliez pas, cependant, que trop de soleil peut toutefois assécher la peau de l'animal.

TEIGNE

◊ La teigne est une infestation de la peau et des poils par des champignons microscopiques.

◊ Le chien qui en souffre montre des plaques dans son pelage, et plus souvent qu'autrement la peau apparaît très rouge.

◊ Outre certains antibiotiques qu'on peut lui donner buccalement, il existe des onguents qu'on peut appliquer sur la plaie elle-même. Il faut toutefois le faire régulièrement pendant environ un mois.

◊ Autre solution, moins onéreuse : appliquez simplement de l'huile végétale sur la plaie, pendant la même durée (c'est-à-dire un mois). Cela tuera les champignons en les étouffant.

TOUX

◊ La toux peut être le signe de maladie sérieuse : consultez votre vétérinaire.

◊ Du miel pur mélangé avec du citron peut faire du bien à la gorge.

◊ Si votre chien n'a qu'une petite toux, vous le soulagerez en mettant sur son nez un peu de beurre qu'il s'empressera de lécher. Le beurre enduira sa gorge et empêchera les tissus de s'irriter.

VERRUES

◊ Pour faire sécher une verrue, appliquez de la crème ou de l'onguent à base de vitamine E, deux fois par jour. Elle devrait sécher et disparaître en une dizaine de jours.

VESSIE

infection

◊ Les chiennes sont particulièrement sensibles à ce genre d'infection, comme aux vaginites. Un éleveur m'a déjà suggéré, et ce fut efficace, d'ajouter une cuillerée à soupe de vinaigre de cidre de pomme à son eau.

◊ Une autre excellente façon de combattre une infection est de lui donner à boire du jus de tomate.

◊ On dit qu'il est aussi efficace d'ajouter du miel pur à sa nourriture.

Problèmes rénaux

◊ Ces problèmes sont très dangereux, voire même mortels. Aussi, il n'y a pas lieu de tergiverser. Si votre chien boit excessivement, s'il urine plus que normalement, s'il vomit, montre un manque d'appétit et commence à maigrir, il vous faut absolument l'emmener chez le vétérinaire.

◊ Si votre chien a un problème de rétention d'urine, vous pouvez lui donner des asperges, non seulement devraient-elles le faire uriner plus, mais elles aideront également à éliminer l'ammoniaque du corps.

◊ Vous pouvez aussi ajouter à sa nourriture des racines de persil hachées finement .

◊ Les feuilles de pissenlit coupées aident à neutraliser l'acide urique.

◊ La vitamine C réduit non seulement les bactéries mais elle peut aussi aider à la guérison.

VOMISSEMENTS

◊ Lorsque votre chien vomit parce qu'il a mangé de l'herbe, ça ne doit pas vous préoccuper : c'est pour lui un moyen naturel de se nettoyer l'estomac.

YEUX

Infection

◊ Dans le cas d'infection aux yeux, le romarin est tout indiqué car c'est une herbe et un antiseptique qui favorise la guérison. Faites une infusion de romarin (une tasse d'eau froide et une cuillerée à thé de romarin séché, que vous laissez reposer pendant quatre heures), avec laquelle vous baignerez les yeux de l'animal deux fois par jour.

◊ Pour toute infection aux yeux, on peut aussi donner de la vitamine A, contenue notamment dans les carottes, les légumes verts, les jaunes d'œufs, le beurre et le fromage.

Irritation

◊ L'irritation des yeux, qu'elle soit due à la poussière ou à la fumée, peut être traitée en appliquant une goutte d'une de ces huiles directement dans l'œil : huile de ricin, huile de foie de morue ou huile d'olive.

Taches

◊ Pour guérir les taches sur l'œil, ajoutez du jus de tomate à l'alimentation de votre chien.
◊ Une autre solution est de baigner les yeux de l'animal dans de la camomille ou encore du jus de concombre cru.

Soins de la peau

ABCÈS

◊ Il existe deux sortes d'abcès :

◊ L'abcès superficiel qui montre un écoulement de pus blanchâtre ou jaunâtre autour de l'abcès.

◊ L'abcès profond qui se remarque parce que la partie touchée est enflée, chaude et molle. Le chien peut alors également souffrir de fièvre et manquer d'appétit.

◊ Un abcès apparaît parfois quelque cinq ou six jours après qu'une blessure est survenue.

◊ Il faut alors couper les poils autour de l'enflure : celle-ci devrait se résorber d'elle-même. Il faut aussi veiller à garder la plaie ouverte et propre jusqu'à ce qu'il n'y ait plus de signes d'infection. Ne laissez donc pas une croûte se former avant que l'infection n'ait complètement disparu.

◊ Si un abcès ne semble pas faire de tête, appliquez-lui des compresses d'eau chaude. Il devrait alors en apparaître une qui permettra l'écoulement du pus avant la guérison. Si tel n'était pas le cas, vous devriez consulter votre vétérinaire.

◊ Un nettoyage complet est nécessaire : vous pouvez utiliser une solution de peroxyde d'hydrogène 3 % trois fois par jour, ou encore laver la plaie avec de l'eau et du savon en rinçant à l'eau claire.

ACNÉ

◊ Les boutons d'acné, chez le chien, peuvent apparaître sur le menton, en dessous du collet et sur l'estomac.

◊ L'acné peut être causée par des glandes sébacées hyperactives, lesquelles peuvent êtres infectées.

◊ Il suffit de vider le bouton en le pressant, pour permettre l'évacuation du pus. Vous pouvez ensuite appliquer un peu d'alcool à 3 %.

◊ Toutefois, si le problème persiste votre vétérinaire peut vous prescrire des antibiotiques.

ALLERGIES

◊ Les allergies sont causées par une trop grande sensibilité à certaines substances, tels la poussière, les teintures, le nylon, la laine, les médicaments, les insectes et les insecticides, la mauvaise herbe, la moisissure et parfois même la nourriture.

◊ Les réactions allergiques les plus communes se manifestent généralement par des enflures. Le chien a aussi tendance à se gratter de façon inhabituelle, ce qui peut ainsi provoquer une infection de la peau.

◊ Il faut essayer de trouver la raison de l'allergie en procédant en quelque sorte par élimination, c'est-à-dire, modifier une chose à la fois dans son entourage habituel. Si vous n'y parvenez pas, il vous faut alors consulter votre vétérinaire.

◊ Attention, il existe une autre forme d'allergie – plus dangereuse – qui peut causer la mort de votre chien. Elle est provoquée surtout par une réaction aux médicaments ou encore par la piqûre de certains insectes. Les symptômes apparaissent rapidement et sont plus accentués que ceux qui sont mentionnés ci-dessus. Si vous croyez que votre chien puisse en être victime, rendez-vous chez votre vétérinaire sans tarder.

« BLEUS »

◊ Les « bleus », comme chez l'homme, ne sont finalement que de petits vaisseaux sanguins qui ont été brisés et qui provoquent ainsi une coloration bleu-rouge à l'endroit de la blessure.

◊ Les « bleus » sont sensibles et sont souvent accompagnés d'enflures.

◊ Si le « bleu » est récent, c'est-à-dire s'il est apparu au cours des douze dernières heures, il peut être bénéfique d'appliquer des compresses d'eau froide.

◊ Le « bleu » disparaîtra de lui-même au bout de quelques jours.

◊ Un « bleu » plus sérieux peut résulter d'un gros hématome qui exigera des soins de votre vétérinaire (voir « Hématome » dans ce chapitre).

ECZÉMA

◊ L'eczéma est une inflammation de la peau dont l'origine est inconnue.

◊ L'eczéma peut se présenter sous deux formes, sèche ou humide.

◊ L'eczéma sec est caractérisé par une démangeaison intense, une peau sèche et une perte de poils.

◊ L'eczéma humide provoque également un grattement intense, en plus de l'apparition de pustules, de rougeurs et d'un épaississement de la peau.

◊ Le bleu de méthylène est un agent antiseptique qui réussit à soulager le chien. Le produit tache mais cela disparaît au fil des jours.

◊ Vous pouvez également éponger la partie affectée avec du peroxyde d'hydrogène 3 % deux fois par jour.

◊ Une application d'Ozonol peut aider à éviter les grattements excessifs : la première application peut aussi aider à la formation d'une croûte.

◊ Les chiens deviennent parfois nerveux à cause des démangeaisons que cela provoque ; si la situation devient incontrôlable, parce que le chien en se léchant ou en se grattant provoque des irritations, demandez à votre vétérinaire un tranquillisant doux ou ayez recours à un collier élizabéthain.

GALE

Gale rouge

◊ La gale rouge est une maladie provoquée par des mites. Elle ressemble à de petits vers et se présente souvent chez les chiots. Le problème se décèle plus rapidement et plus facilement chez les chiens à poils courts. Donc, dans le cas des chiens à poils longs, l'examen est vital parce que c'est une maladie de la peau très sérieuse.

◊ On ne pourra diagnostiquer cette maladie qu'en examinant au microscope les résultats d'un grattage.

◊ On peut toutefois remarquer des pertes importantes de poils autour des yeux, des coudes, de la queue et des jarrets ; à mesure que la maladie progresse, la peau deviendra rouge à cause de l'apparition, à la surface de la peau, de taches de sang.

◊ La gale est une maladie persistante et ne répond guère aux traitements : consultez votre vétérinaire, car c'est une maladie sérieuse.

Gale scabieuse

◊ Cette forme de gale est contagieuse ; même les humains peuvent l'attraper. Il faut absolument garder en quarantaine le chien qui en est atteint.

◊ L'examen du grattage de peau est nécessaire pour poser un diagnostic.

◊ Les symptômes principaux sont des démangeaisons intenses et une importante perte de poils.

◊ Consultez votre vétérinaire, il vous conseillera des soins appropriés.

HÉMATOME

◊ Un hématome est une accumulation de sang circonscrite, particulièrement dans le tissu cutané. Elle est due à des lésions vasculaires.

◊ Il est souvent nécessaire, surtout si la blessure est près de l'oreille, de voir votre vétérinaire afin qu'il donne à votre chien les soins appropriés, ce qui préviendra les cicatrices.

PELLICULES

◊ On reconnaît les pellicules à leur apparence : elles sont blanches, petites et ressemblent à de petits flocons un peu graisseux. Elles sont d'ailleurs souvent associées à une forme sèche de la séborrhée sans en présenter l'inflammation.

◊ Qu'est-ce qui cause les pellicules ? Ce peut être un trop grand nombre de bains ou des rinçages mal faits. Les restes de savon sèchent et irritent la peau.

◊ Le problème peut aussi être causé par un manque de gras dans l'alimentation ; si tel est le cas, ajoutez une cuillerée à soupe de gras de bacon à une tasse de sa nourriture sèche.

◊ Les vitamines recommandées pour combattre les pellicules sont les vitamines A, D et B$_6$.

◊ Un brossage quotidien, vigoureux, pourra aussi être profitable.

POILS, PERTE DE

◊ La perte des poils peut être héréditaire ou congénitale, mais elle peut aussi résulter de plusieurs désordres inflammatoires sans qu'il n'y ait apparence de maladies de peau.

◊ Gardez toutefois à l'esprit que la perte des poils est un signe fréquent de maladies comme la gale, les vers ronds ou, parfois, le symptôme d'un désordre de la glande thyroïde ou de la glande pituitaire.

◊ Votre vétérinaire pourrait vous donner quelques conseils particuliers, selon l'origine du problème.

PSORIASIS

◊ C'est une maladie de la peau chronique caractérisée par des croûtes blanc-argenté. On appelle souvent cela la peau d'éléphant parce que la peau devient plus épaisse, dure et grise. Les symptômes et la maladie sont d'ailleurs semblables à ceux qui apparaissent chez l'homme.

◊ Notez bien que le psoriasis n'affecte pas la santé générale de votre chien.

◊ Les causes de cette maladie sont inconnues, mais on remarque que l'alimentation peut avoir un certain rôle dans son apparition.

◊ Aucun médicament ne guérit le psoriasis, toutefois votre vétérinaire pourra vous prescrire des onguents qui soulageront l'animal.

TUMEURS

◊ La tumeur est un grossissement anormal des tissus. Il y a deux types de tumeurs, les tumeurs bénignes qui grossissent lentement et qui sont limitées à une partie du corps, et les tumeurs malignes qui sont synonymes de cancer, qui évoluent rapidement et gagnent les autres parties du corps.

◊ Malheureusement, il existe aussi des tumeurs qui se développent dans le corps et qui peuvent devenir très grosses avant que vous vous en aperceviez. C'est pourquoi des examens périodiques sont toujours conseillés.

◊ La tumeur de la peau est le cancer le plus commun chez les chiens. Toutefois, la plus grande partie des tumeurs sont bénignes.

◊ Les chiennes sont plus enclines à avoir des cancers mammaires, plus que tout autre genre, spécialement celles qui n'ont pas été opérées ou celles qui ont subi une intervention visant à leur enlever les ovaires. Si une tumeur apparaît sur le ventre, consultez votre vétérinaire sans tarder.

◊ Les vieux chiens mâles sont souvent victimes de tumeurs autour de l'anus. Un contrôle partiel peut être fait par des injections d'hormones femelles. Cependant, la seule solution parfaitement efficace est l'intervention chirurgicale. Ces tumeurs sont généralement cancéreuses et se développent rapidement.

◊ Il existe aussi maintenant des traitements par chimiothérapie. Un hôpital vétérinaire bien équipé pourra vous renseigner.

◊ Gardez à l'esprit que toutes les tumeurs devraient être examinées, spécialement celles qui semblent grossir rapidement. La vie de votre chien peut en dépendre.

URTICAIRE

◊ On s'aperçoit que le chien souffre d'urticaire lorsqu'apparaissent, sur le corps de l'animal, de petites boursouflures, que ses lèvres et le pourtour des yeux et des oreilles enflent. Notez que ce problème se développe rapidement, mais il disparaît aussi rapidement.

◊ L'urticaire n'est qu'une réaction allergique à certaines plantes, à certains vaccins et parfois à certains aliments. (Voir « Allergie » dans ce chapitre.)

◊ Des antihistaminiques peuvent être prescrits par votre vétérinaire.

◊ Des compresses d'eau froide avec du vinaigre ou de l'alcool peuvent aussi apporter un soulagement.

◊ Soulignons que, dans la plupart des cas, l'urticaire disparaîtra sans que le chien n'ait à subir quelque traitement que ce soit.

VERRUES

Molles

◊ Les verrues apparaissent sur la peau et, parfois, dans la bouche.

◊ Si elles nuisent à l'alimentation du chien, ou provoquent une salivation excessive, on devrait les faire enlever.

Dures

◊ Habituellement, ces verrues apparaissent chez les chiens âgés. Il n'est pas nécessaire de les enlever à moins qu'elles ne causent problème.

Petits et gros problèmes

Être propriétaire d'un chien, c'est beaucoup de responsabilités. C'est aussi des petits et des gros problèmes qu'il faudra résoudre. Voici quelques conseils qui ne manqueront pas de vous faciliter la tâche.

ACROPOPHAGIE – LE CHIEN QUI MANGE SES SELLES

◊ Nettoyez votre cour fréquemment.

◊ Assurez-vous que votre chien reçoive suffisamment de céréales dans son alimentation. C'est peut-être cette carence qui l'incite à manger ses selles où il pense en retrouver.

◊ Ajoutez chaque jour une cuillerée à thé de vinaigre à sa nourriture. Cette dose pour un chien de grosseur moyenne rendra ses selles acides.

◊ Saupoudrez de l'Accent sur sa nourriture.

◊ Vous pouvez aussi mettre du poivre rouge ou encore de la sauce Tabasco sur ses selles. Votre chien perdra ainsi tout intérêt pour ses excréments.

◊ Si ces conseils s'avèrent inutiles, demandez à votre vétérinaire de vous fournir un médicament qui existe et qui donne un goût très déplaisant aux selles du chien.

AUTOMUTILATION

◊ Certains chiens se mordillent les pattes sans aucune raison apparente : on appelle cela de l'automutilation. S'il n'a pas de parasites ou ne souffre d'aucune maladie, il y a tout lieu de croire que la source de cet agissement se trouve dans l'ennui, la solitude ou le stress : essayez de déterminer le problème.

◊ Entamez un programme d'exercice, de socialisation et d'obéissance.

◊ Donnez-lui des os à mâcher.

◊ Lorsque vous le prenez sur le fait, essayez de le distraire en faisant du bruit, comme de laisser tomber un objet de métal ou en donnant un coup de sifflet aigu. Lorsqu'il arrête de se mordiller, récompensez-le.

BATAILLES DE CHIENS

◊ Un bon moyen de faire cesser une bataille entre chiens ou entre chiens et chats est de les arroser avec de l'eau froide ; un arrosoir ou un seau rempli d'eau suffit généralement.

◊ Un pistolet à eau ne sera pas suffisant pour stopper une bataille, mais il permet d'éviter qu'il ne s'en produise si vous arrosez les animaux dès le début des hostilités : dirigez le jet d'eau vers la face.

◊ Évitez les endroits où les chiens à mauvais caractère règnent en maître.

◊ Mettez une muselière aux chiens agressifs et gardez-les ensemble jour et nuit, sauf pendant les repas. Cela peut prendre jusqu'à deux semaines pour qu'ils n'aient plus envie de se battre, mais l'effort en vaut la peine.

◊ Si un petit chien est attaqué par un gros chien, n'essayez pas d'enlever le petit chien ; empoignez plutôt les pattes arrière du gros chien, ce qui lui fera perdre l'équilibre et donnera le temps au petit chien de se sauver. Si le gros chien cherchait à se retourner contre vous, tenez-lui les pattes comme si vous teniez une brouette. Si vous ne pouvez pas le contenir, projetez-le le plus fort et le plus loin possible et criez en espérant que la colère dans votre voix et le traitement dur que vous venez de lui infliger le décourageront. Attention, c'est tout de même un procédé très dangereux. Avant de l'essayer il faut que vous soyez certain de connaître vos réactions dans de telles situations.

◊ N'empoignez jamais le collier d'un chien qui attaque car il pourrait alors se retourner contre vous.

◊ Ce n'est sans doute pas facile mais restez calme : Si vous criez cela peut être interprété, par votre chien, comme un encouragement de votre part à poursuive la bataille.

◊ Ne frappez pas un chien avec un bâton, cela ne peut que l'exciter davantage.

◊ Dès le début, faites comprendre à votre chien que vous ne tolérerez aucune bataille : une correction dure est préférable à des blessures sérieuses.

BRUITS, LE CHIEN SENSIBLE AUX

◊ Il mérite bien un peu de sympathie mais ne lui en manifestez pas trop car vous serez alors aux prises avec un problème plus grand !

◊ Pour obtenir qu'il se maîtrise, placez-le dans une pièce avec un appareil-radio qui fonctionne.

◊ Gardez-le enfermé ou attaché ; son instinct de préservation va souvent le forcer à courir pour s'échapper et s'éloigner du ou des bruits. Il peut ainsi se perdre.

◊ N'oubliez pas que l'ouïe d'un chien est de 40 % plus fine que celle de l'homme ; peut-être qu'un morceau de coton dans ses oreilles aidera à réduire les bruits trop forts.

◊ Les feux d'artifice, le tonnerre, les décharges d'armes à feu, etc. peuvent effrayer un chien ; si vous ne pouvez lui éviter ces bruits, vous pouvez lui donner (temporairement) un sédatif prescrit par le vétérinaire.

CHIEN, COMMENT INTRODUIRE UN AUTRE

◊ Certains chiens sont très possessifs et asociaux ; des problèmes peuvent donc survenir si deux animaux de même caractère se retrouvent ensemble. Gardez-les alors dans des pièces séparées pendant plusieurs jours avant de les faire prendre conscience de l'autre ; ils se familiariseront ainsi avec l'odeur de l'autre. Faites-le pendant quelques semaines avant de les laisser ensemble.

◊ Emmenez les chiens dans un territoire neutre pour qu'ils apprennent à se connaître ; gardez-les en laisse et à l'œil jusqu'à ce qu'ils s'acceptent mutuellement.

◊ Il est naturel que l'un des deux chiens cherche à dominer : laissez-les s'arranger entre eux.

◊ Soulignons tout de même que les chiens s'entendent mieux s'ils ont été castrés ou s'ils ne sont pas du même sexe.

CUISINE, COMPTOIRS DE

◊ Si vous avez un chien qui peut atteindre le dessus du comptoir de votre cuisine, vous pouvez protéger votre nourriture en ouvrant et bloquant un tiroir immédiatement sous le comptoir, le chien sera alors beaucoup trop loin pour prendre appui.

HALEINE, MAUVAISE

Causes courantes :

◊ Les dents en mauvais état ;
◊ Le tartre ;
◊ Les ulcères d'estomac ;
◊ Les amygdalites ;
◊ Les cas développés de maladie des reins ;
◊ Des désordres stomacaux.

Traitement :

◊ Comme les causes peuvent être nombreuses, les traitements peuvent aussi être variés. Pour ne pas poser un mauvais diagnostic et soigner le mauvais mal, il vaut mieux consulter votre vétérinaire.

JAPPEMENTS

◊ Un chien qui jappe est très souvent un chien qui s'ennuie.
◊ Un chien qui jappe et qui réveille les voisins la nuit devrait être nourri très tard le soir. Il se sentira ainsi repu et dormira mieux la nuit.
◊ Certains chiens vont japper la nuit ; pour éviter que votre chien n'éveille tout le quartier, vous pouvez installer une lumière électrique et un interrupteur tout près de votre lit : lorsque votre chien commence à japper, allumez et refermez la lumière, cela devrait faire cesser ses jappements.
◊ Si votre chien continue à japper après des réprimandes, essayez d'en trouver la ou les causes ; comme son ouïe est plus fine que la nôtre, il peut entendre des bruits que nous n'entendons pas.

MEUBLES

◊ Pour empêcher un chien de sauter sur les meubles, notamment pour regarder dehors, on peut lui mettre quelque chose sur quoi il peut monter pour avoir un point de vue. On peut aussi installer une fenêtre à la hauteur de son chien !

◊ Recouvrir les meubles avec un morceau de plastique et mettre une trappe à souris sous ce plastique ; le bruit, en plus du plastique inconfortable, va rapidement décourager votre chien.

MEUTE DE CHIENS

◊ Même un chien obéissant et bien entraîné, si on le laisse aller seul, sans aucune surveillance, peut se joindre à d'autres chiens. Ces meutes peuvent provoquer beaucoup de dégâts et effrayer des gens. On en a même vu qui ont tué. N'oubliez pas que votre chien relève de votre responsabilité.

MORD, LE CHIEN QUI

◊ Un chiot, hyperactif ou agressif, doit être traité avec une certaine délicatesse : on ne doit pas jouer avec lui d'une manière dure parce que s'il mordille dès son jeune âge... En vieillissant il pourrait chercher à mordre.

◊ Si vous ne parvenez pas à corriger cette manie chez votre chien, attachez-le jusqu'à ce qu'il se calme.

◊ Les cours d'obéissance peuvent être très bons si l'entraîneur est habitué à travailler avec des chiens à problèmes.

◊ Ne gardez pas votre chien enfermé dans un espace clos où il lui est impossible de socialiser ; cet isolement développera chez lui des défenses territoriales : emmenez des visiteurs dans son domaine lorsqu'il est encore un chiot.

◊ Il y a presque toujours une raison qui motive un chien à mordre. Consacrez donc un peu de temps à la découvrir. Il vous sera alors facile de corriger cette manie.

◊ Souvent, un chien castré sera débarrassé de ce problème ; mais cela dépend naturellement de ce que vous envisagez de faire avec votre animal.

MORDILLE, LE CHIEN QUI

◊ Lorsque votre chien mordille tout, cela peut être dû au fait qu'il s'ennuie, qu'il fait ses dents, qu'il souffre d'une carence en minéraux. Peut-être est-ce aussi la manifestation d'une certaine frustration. Appliquez de la sauce Tabasco sur ses objets de prédilection, il les délaissera rapidement.

◊ De l'huile de citronelle a également un goût très déplaisant qui décourage le chien.

◊ Les centres spécialisés peuvent vous offrir un aérosol qui décourage le chien à mordiller. Il est parfaitement sûr et ne risque pas d'abîmer votre ameublement.

◊ Si vous laissez votre chien seul toute la journée, certains bruits comme ceux des camions, des cloches, la sonnerie du téléphone, etc. peuvent le rendre nerveux. Il peut chercher à exprimer son stress en mordillant.

◊ Au lieu de le laisser manger votre ameublement, donnez-lui des os ou des nerfs de bœuf.

◊ Si un chien mature mordille des meubles ou d'autres objets lorsqu'il est seul, laissez le téléviseur ou un appareil-radio allumé lorsque vous partez.

◊ Enveloppez un gros os dans plusieurs couches de papier journal, le tout lié avec beaucoup de papier collant. Il passera beaucoup de temps à développer son os et tout autant à le mâcher.

◊ Si rien de cela ne fonctionne, il vous faudra alors le placer dans une cage lorsque vous vous absentez.

◊ Mais n'oubliez pas : il peut aussi mordiller simplement parce qu'il ne fait pas assez d'exercice. N'hésitez donc pas à lui en faire faire un peu plus ; allongez sa promenade.

MOUFFETTE

◊ Le truc que chacun recommande toujours est naturellement de laver l'animal avec du jus de tomate, mais le résultat vaut ce qu'il vaut. Il vous faudra répéter l'opération à plusieurs reprises.

◊ La solution la plus simple pour se débarrasser de l'odeur de mouffette est un produit que l'on peut se procurer dans les centres spécialisés et qui est d'une efficacité stupéfiante.

NERVEUX, CHIEN

◊ Le chien qui est nerveux, plein de peurs irrationnelles et d'anxiété devrait être rassuré ; on devrait chercher à éliminer la cause de son irritation.

◊ Si cela ne fonctionne pas, il ne faut pas pour autant ignorer sa détresse car celle-ci pourrait être due à des problèmes de santé. Consultez votre vétérinaire.

◊ N'oubliez jamais que les chiens sont sensibles ; si vous êtes de mauvaise humeur, par exemple, la tension que vous dégagez sera ressentie par votre chien. Mettez-le dans une autre pièce jusqu'à ce que vous ayez retrouvé votre calme.

◊ Faites-lui découvrir de nouveaux horizons : promenez-le dans la rue, emmenez-le dans les centres commerciaux, dans les parcs, etc. Cela devrait contribuer à le sociabiliser.

◊ Vous pouvez aussi l'envoyer dans un cours d'obéissance ; choisissez un entraîneur compétent et qui comprend votre problème particulier. La sociabilisation devrait être plus facile avec les autres chiens.

PERDUS, LES CHIENS

◊ Les chiens peuvent se perdre facilement après qu'il a neigé parce que les odeurs qui leur sont familières disparaissent ; gardez donc votre chien en laisse lorsque vous lui faites faire de l'exercice.

◊ Déménager dans un nouvel endroit peut provoquer du stress chez le chien, tout au moins jusqu'à ce qu'il se familiarise avec les nouvelles odeurs et son nouvel environnement. Attention, votre chien pourrait même (parfois) chercher à retrouver son ancienne maison. Vous devriez le garder attaché jusqu'à ce qu'il s'habitue à sa nouvelle demeure.

◊ Faire tatouer votre chien est une protection contre les voleurs et cela aide aussi à retrouver un chien perdu. Votre vétérinaire peut lui tatouer un numéro sur l'intérieur de la patte et conserver vos coordonnées. Il est aussi conseillé de ne jamais laisser votre chien se promener sans sa médaille : la personne qui le retrouverait pourrait ainsi réussir à vous rejoindre sans difficultés.

Vous l'avez perdu : que faire ?

◊ Sachez que la majorité des chiens sont retrouvés dans un périmètre de 12 km de l'endroit où on les a vus pour la dernière fois. Pour retrouver votre chien, suivez les suggestions énumérées ci-dessous.

◊ Cherchez dans votre voisinage immédiat ;

◊ Avertissez les vétérinaires et les hôpitaux vétérinaires de votre voisinage, spécialement si votre chien souffre de maladies chroniques ;

◊ Donnez la description de votre chien à une station de radio locale ;

◊ Placez une petite annonce dans les journaux locaux ;

◊ Parlez-en à votre facteur ;

◊ Parlez-en à votre laitier ;

◊ Parlez-en au conducteur de l'autobus scolaire, si vous le connaissez ;

◊ Contactez votre poste de police local et la Sûreté du Québec, si vous habitez en dehors de Montréal. Généralement, ils conservent l'information ;

◊ Laissez des notes dans les magasins, les Caisses populaires, sur tous les tableaux d'affichage publics ;

◊ Une photo peut aider ;

◊ Vous pouvez aussi distribuer un avis de recherche dans les boîtes postales de votre quartier ;

◊ Ne vous découragez pas si cela prend quelques semaines avant de retrouver votre chien ; ceux-ci peuvent s'absenter pendant bien longtemps sans avoir aucun problème.

PORTES, LE CHIEN QUI GRATTE AUX

◊ Si votre chien gratte aux portes, placez un morceau de papier d'émeri (papier à sabler) à l'endroit où il a l'habitude de gratter : il abandonnera rapidement sa mauvaise habitude.

◊ Attachez quelques boîtes de conserve vides à la porte ; lorsqu'il essaiera de gratter à la porte le bruit l'effraiera.

RÉVEIL

◊ Lorsque votre chien se réveille tôt et vient naturellement vous réveiller, essayez ceci : le premier
jour, levez-vous et coupez-lui les ongles avant de
lui faire faire ce que vous lui faites faire habituellement ; recommencez le deuxième jour (sauf
si votre chien aime la pédicurie !) ; la troisième
journée, il va sûrement attendre que vous vous
leviez avant d'aller vous réveiller.

ROCHES, LE CHIEN MANGEURS DE

◊ Le chien qui s'ennuie ramasse souvent des roches
qu'il mâche ou avale.

◊ Si le propriétaire joue avec des roches dans son
jardin – qu'il bêche ou prépare sa rocaille par
exemple – le chien peut croire que c'est une ac-
tion acceptable et essayer de l'imiter ; il lui arri-
vera alors, parfois, d'en avaler une.

◊ Donnez-lui des os à mâcher pour l'occuper.

◊ Vous pouvez étendre de l'huile de citronnelle, di-
luée avec de l'eau, sur toutes les roches de l'environnement immédiat.

◊ N'oubliez pas qu'avaler des roches est une manie
dangereuse, qui peut nécessiter une opération.

◊ Si aucune de ces suggestions ne fonctionne, vous
pouvez lui mettre une muselière jusqu'à ce qu'il
se débarrasse de cette habitude.

TROUS, LE CHIENS QUI FAIT DES

◊ Vous pouvez mettre quelques petites trappes à
souris dans les endroits où il est habitué de
creuser ; cela ne lui fera pas de mal mais le bruit
le surprendra et l'effraiera.

◊ Lorsqu'il a déjà commencé à creuser, remplissez
le trou avec des selles de chien, puis recouvrez.

◊ Du poivre rouge saupoudré sur les endroits où votre chien a creusé peut l'obliger à changer ses (mauvaises !) habitudes.

◊ Vous pouvez aussi le décourager de creuser en mettant de la clôture à poule, juste en dessous de la surface, que vous recouvrirez d'une mince couche de terre.

◊ Si les chiens des voisins laissent des... présents non désirés dans votre cour, enterrez quelques bouteilles de bière remplies d'ammoniaque, les chiens vont éviter votre cour comme la peste jusqu'à ce que l'ammoniaque s'évapore !

URINE, DANS LA MAISON

◊ Le mâle qui marque son territoire dans la maison avec son urine sera débarrassé de cette manie si on le fait castrer ; tout au moins, cette habitude sera considérablement réduite. Il faut toutefois le faire castrer avant qu'il ait un an.

◊ La punition, les étrangers, les contacts visuels, etc. peuvent faire uriner le chien sans qu'il s'en rende compte ; avant de le punir, il faut chercher à voir s'il n'y a pas de facteurs qui ont provoqué ce relâchement.

◊ Si un chien qui est dressé recommence à uriner dans la maison, nettoyez l'endroit avec un neutralisant d'odeur. Cela enlève l'odeur, donc la tentation de recommencer.

◊ Une autre solution est de sortir le chien le plus souvent possible ; soyez sûr de bien le récompenser lorsqu'il coopère.

VAGABONDS, CHIENS

◊ Gardez bien à l'esprit que si votre chien peut être perçu comme un vagabond, c'est qu'il n'est pas vraiment heureux : il cherche probablement une chienne ou un compagnon.

◊ Vous pourriez peut-être adopter un autre animal pour lui tenir compagnie.

◊ Accordez plus d'attention à votre chien, emmenez-le en voiture, faites-lui faire des promenades, etc.

◊ Lorsqu'un chien mâle sent l'odeur de la chienne en chaleur, il n'y aura rien pour l'empêcher de partir sauf si vous l'enfermez. Cette situation n'a rien que de très normal.

◊ Il arrive parfois que les femelles en chaleur se sauvent de la maison pour aller trouver un mâle.

VIDANGES, SACS DE

◊ Prenez un vieux chiffon que vous imbiberez d'ammoniaque et que vous placerez sur le couvercle de votre poubelle ; cela devrait suffire à faire fuir votre chien.

Premiers soins

N'oubliez jamais que les premiers soins ne sont que des soins que l'on donne immédiatement lorsque survient un accident : ce ne sont que des soins temporaires. Il faut, aussitôt après, emmener votre chien chez le vétérinaire.

AUTOMOBILE, ACCIDENT D'

◊ Même si votre chien se relève et marche après avoir été victime d'un accident d'automobile, il devrait être examiné par un vétérinaire : s'il est faible et montre des gencives pâles, il peut être victime d'une hémorragie interne.

◊ Lorsque du sang coule des narines, cela peut indiquer une blessure à la tête.

◊ Si votre chien souffre, essayez de le faire tenir tranquille en l'attachant avec une cravate ou une ceinture, avant de le déposer sur une planche et de le transporter.

◊ Ne le nourrissez pas avant vingt-quatre heures parce que le chien peut vomir et subir une déchirure interne.

◊ Vous pouvez réduire les dangers de formation de caillots de sang au cours des quatre ou cinq jours qui suivent, en évitant de lui faire faire trop d'exercice et en le nourrissant un peu plus légèrement.

BANDAGES, ET PROTECTION DES BLESSURES

◊ Pour éviter que le chien n'enlève son bandage et lèche sa plaie, vous pouvez fabriquer un petit collet de protection, très léger, que l'on appelle « collet élizabéthain » (il existe aussi la variante appelée « collier conique »).

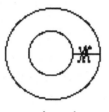

COLLIER ÉLIZABÉTHAIN   COLLIER CONIQUE

◊ Dans un carton assez épais, vous pouvez tailler un collet en suivant l'un des exemples ci-dessus ; vous percez les trous tels qu'indiqués et placez le carton autour du cou du chien. Vous l'attachez ensuite avec une corde.

◊ Si votre chien est obligé de porter un pansement, vous pouvez appliquer, sur ce dernier, un peu de citron ou de sauce Tabasco afin de le décourager de l'enlever.

BRÛLURES

À l'acide

◊ Elles sont généralement causées par les batteries de voiture ou par des nettoyants à métaux. Rincez avec une solution faite d'une cuillerée à thé de soda à pâte pour une pinte d'eau.

Alcalines

◊ Elles sont causées par des produits nettoyants, des solvants à graisse, etc. Rincez simplement avec de l'eau ordinaire ou avec une solution de vinaigre et d'eau.

Brûlures sérieuses

◊ N'appliquez jamais d'onguent.

◊ Trempez des pansements stérilisés dans de l'eau froide et posez-les sur la brûlure.

◊ Ne donnez aucun stimulant, sédatif ou drogue à votre chien.

◊ Gardez votre patient tranquille et bien au chaud.

◊ Voyez un vétérinaire sans tarder.

Brûlures superficielles

◊ Immergez le membre brûlé dans de l'eau froide ; essuyez-le doucement, et appliquez une gaze.

◊ Gardez votre chien tranquille et au chaud.

CASSURES OU FÊLURES

◊ Enveloppez la patte dans une serviette, un journal ou un magazine, afin d'en faire une attelle temporaire avant d'emmener votre chien chez le vétérinaire.

◊ Appliquez de la glace sur le membre fracturé, afin de réduire l'inflammation et l'enflure.

CHOC

Symptômes

◊ Respiration faible ;

◊ Grande nervosité ;

◊ Gencives pâles ;

◊ Évanouissements.

Traitement

◊ Placez la tête du chien plus basse que le corps, et couvrez-le de couvertures chaudes et même d'une couverture chauffante si vous en possédez une.

◊ Cherchez à garder votre chien immobile.

◊ Si le chien est conscient, donnez-lui à boire de l'eau chaude ou encore du lait avec un peu de sucre.

◊ Lorsque le chien peut avaler, donnez-lui une demi-cuillerée à thé de brandy, avec un peu de sucre ou de miel, directement dans la gorge : frottez-la-lui pour l'obliger à avaler. Si ses gencives ne retrouvent pas, en quelques minutes, leur couleur naturelle, redonnez-lui une autre cuillerée de ce même mélange. Si le problème persiste, consultez votre vétérinaire.

COMPRESSES

D'eau chaude

◊ Les compresses chaudes sont utilisées pour soulager des infections, profondes ou superficielles, des abcès et des douleurs musculaires qui durent depuis plus de douze heures.

◊ Les compresses chaudes permettent une diminution des liquides du corps et réduisent ainsi les enflures.

D'eau froide

◊ Vous pouvez réduire les écoulements provoqués par une blessure et contrôler un peu mieux le saignement et la douleur, en appliquant une compresse d'eau froide sur cette blessure. Cela resserrera les capillaires (les vaisseaux sanguins les plus élémentaires). Toutefois, n'utilisez pas cette méthode sur une blessure pendant plus de douze à vingt-quatre heures. Des cubes de glace, dans un sac de plastique entouré d'une serviette, peuvent faire une excellente compresse d'eau froide.

CONJONCTIVITES

◊ La conjonctivite est une inflammation de la membrane de l'œil causée par la fumée, la poussière ou encore par la présence d'un corps étranger : il faut y prendre garde car ce peut être aussi un signe de faiblesse générale.

◊ Il existe des gouttes qu'on doit lui mettre trois fois par jour dans les yeux.

◊ Faites bouillir une pinte d'eau avec une cuillerée à thé de sel, laissez refroidir et rincez-lui les yeux trois fois par jour.

◊ Gardez votre chien dans une pièce où la lumière est tamisée.

◊ Si sa condition ne s'améliore pas au bout de quelques jours, voyez votre vétérinaire.

CONSTIPATION

◊ Le lait de magnésie est un laxatif sans danger, même pour les chiens. (Voir « Médication et dosage » au chapitre « Maladies, parasites ; Problèmes et remèdes.)

◊ Ajoutez des fibres à sa diète.

◊ La constipation peut aussi être causée par une tumeur ou par un corps étranger ; si sa constipation ne s'améliore pas, voyez votre vétérinaire.

◊ La constipation survient souvent les jours où il pleut, alors que la température est plus froide. Lors de sa balade, la seule pensée du chien est souvent de vite retourner à la maison. Mettez-lui un suppositoire à la glycérine avant de lui faire faire sa promenade.

◊ Un lavement à l'eau tiède, avec un savon très léger, peut être nécessaire si les purgatifs que vous lui avez donnés prennent trop de temps à agir ou se révèlent carrément inefficaces.

◊ Pour une constipation légère, un suppositoire est aussi efficace qu'un lavement : les suppositoires à la glycérine s'achetent dans n'importe quelle pharmacie.

◊ Une constipation légère peut aussi être guérie en ajoutant un peu d'huile minérale à la nourriture, une fois par jour. Attention : il ne faut jamais mettre de l'huile minérale pendant plus de quatre jours parce que cela empêche l'absorption des vitamines et minéraux dont votre chien a besoin.

◊ Attention : ne donnez jamais à votre chien un produit à base de cascara, utilisée en pharmacie, comme élément purgatif pour les humains. Cette substance – de l'écorce desséchée et pulvérisée provenant de l'arbre du même nom – contient de la strychnine. Lisez donc toujours attentivement les étiquettes des médicaments.

CONVULSIONS

◊ Si votre chien souffre de convulsions ou d'attaques ou de crises du même genre, recouvrez-le d'une couverture pour l'immobiliser de manière à ce qu'il ne se blesse pas.

◊ Ces crises peuvent durer de quelques minutes jusqu'à une demi-heure.

◊ Si votre chien est à l'extérieur, rentrez-le à la maison.

◊ Appliquez-lui de l'eau froide derrière le tête, tout en le massant au même endroit.

◊ Ces crises peuvent signifier que votre chien souffre d'une maladie plus grave. Consultez donc votre vétérinaire le plus rapidement possible ; celui-ci saura vous renseigner.

CORPS ÉTRANGERS

Hameçon

◊ Coupez au milieu de la partie recourbée avec des pinces et poussez la pointe de l'hameçon très lentement.

◊ Les hameçons enfoncés trop profondément dans la peau ne devraient être retirés que par un vétérinaire.

Semences de gazon

◊ Les semences de gazon peuvent être dangereuses lorsqu'elles se logent dans les narines du chien, sans compter que le chien présentera alors les symptômes du distemper. Voyez aussitôt votre vétérinaire.

Objets coincés dans la gorge

◊ Si des objets sont coincés dans la gorge du chien, un bout de bâton, un clou ou un morceau de métal par exemple, il faut savoir qu'ils peuvent causer des dommages internes très graves ; ne cherchez pas à retirer l'objet, laissez-le où il est et rendez-vous chez votre vétérinaire qui retirera lui-même ce corps étranger.

◊ Immobilisez le chien le mieux que vous le pouvez afin de prévenir des blessures encore plus graves.

Porc-épic

◊ On ne pourra retirer soi-même les piquants de porc-épic que s'ils ne sont pas trop nombreux, car c'est très douloureux pour l'animal et celui-ci cherchera à éviter que vous ne les lui enleviez. Plus l'animal est gros, plus cela est difficile. Si tel était le cas, la seule solution qui s'offre à vous est de vous rendre chez votre vétérinaire qui pourra avoir recours à une légère anesthésie générale.

◊ Même si vous procédez chez vous et même si l'animal n'en a pas beaucoup, il est conseillé de lui donner un sédatif doux avant de commencer ; si vous n'en avez pas, de l'aspirine pourra aider.

◊ Pour amollir les piquants de porc-épic avant de les retirer, on peut les mouiller avec du vinaigre.

◊ Enlevez ceux qui sont près des organes vitaux en premier lieu.

◊ Soyez sûr de retirer tous les piquants parce qu'un piquant oublié pourrait se détacher, être avalé par l'animal et provoquer des lésions internes très graves.

◊ N'oubliez pas que ces piquants contiennent du poison pour les chiens. Agissez donc avec célérité.

Absorption de corps étrangers

◊ Lorsque votre chien avale un objet pointu et que vous ne pouvez vous rendre immédiatement chez le vétérinaire, voici quelques suggestions de nature à prévenir les blessures internes.

◊ Donnez-lui à manger des morceaux de viande hachée crue que vous aurez pris soin d'envelopper dans de petits sachets de coton ; la viande crue dans le coton pourra retenir l'objet s'il se détache lorsque votre chien va manger. Vous devriez retrouver ce corps étranger dans les selles du chien dans les trois ou quatre jours suivants.

◊ Dans le même but, donnez à manger à votre chien du pain, des patates ou n'importe quelle nourriture douce.

◊ Si le chien a avalé n'importe quel objet, surveillez-le pendant quelques jours pour voir s'il ne présente pas des symptômes tels que la constipation ou des vomissements. Si c'était le cas, consultez rapidement votre vétérinaire.

COUPURES

◊ Les coupures et les égratignures légères peuvent être traitées avec de l'eau et du savon.

◊ Il existe des solutions, en aérosol, que l'on vaporise sur les coupures ou les blessures légères ; outre le fait que ce produit désinfecte la plaie, il aide à la guérir plus rapidement car le chien ne l'irritera pas en se léchant constamment.

◊ Si un chien à poils longs a une coupure assez profonde et que vous n'avez pas l'équipement nécessaire, il est toujours possible d'attacher ses longs poils de chaque côté de la coupure pour essayer de fermer la blessure le plus possible à l'aide d'un pansement. Il sera alors peut-être nécessaire d'avoir recours à un collier élizabéthain (voir « Bandage » dans ce chapitre).

COUSSINETS

◊ Des sels d'Epsom dissous dans de l'eau chaude sont excellents pour les coussinets craquelés ou irrités ; faites-les tremper trois fois par jour, à raison de dix minutes chaque fois.

◊ Dans les animaleries, dans les centres spécialisés ou chez votre vétérinaire, vous pourrez aussi trouver des solutions déjà préparées pour remédier au problème de coussinets craquelés ou irrités.

◊ Il existe de petites bottes spéciales, en caoutchouc, qu'on peut enfiler à la patte (ou aux pattes) du chien et qui peuvent s'avérer très utiles si l'on fait tremper le ou les coussinets dans une solution médicamentée ; cela évite toutes les difficultés reliées au trempage car on peut mettre la solution de trempage directement dans ces bottes.

DÉPLACEMENT D'UN CHIEN BLESSÉ

◊ Un chien blessé devrait être allongé sur un morceau de bois et immobilisé le mieux possible. Faites alors doucement glisser une planche sous lui.

◊ Une civière temporaire peut aussi être constituée d'une couverture dont on a roulé les bouts.

◊ Un tapis ou une boîte peuvent également faire office de civière de fortune.

DÉSHYDRATATION

◊ Une perte anormale des liquides du corps de l'animal, par des vomissures ou des diarrhées notamment, peut provoquer une déshydratation. Pour juger du niveau de déshydratation, pincez la peau au niveau de la colonne vertébrale, com-me si vous la pliiez. Si la peau reste dans cette position ou met du temps à reprendre sa position normale, le chien souffre d'une déshydratation sérieuse. Voyez votre vétérinaire le plus rapidement possible.

◊ Lorsque la diarrhée ou les vomissements sont sous contrôle, on doit remplacer les liquides perdus : il existe plusieurs façons de le faire.

◊ Servez-lui du bœuf haché, bouilli dans de l'eau salée, dont vous aurez retiré tout le gras ; ne lui en donnez que de petites quantités, mais plusieurs fois par jour.

◊ Donnez au chien un peu d'eau mélangée à du sel ou du soda ; s'il ne l'élimine pas aussitôt, continuez à lui en donner toutes les demi-heures pendant quatre heures.

◊ Donnez-lui du miel et de l'eau.

◊ Les beignes sont excellents : ils contiennent du sucre et ils empêchent l'animal d'avoir trop d'appétit.

◊ Jusqu'à ce qu'il puisse manger sa nourriture régulière, servez-lui de la soupe au riz et poulet avec du pain.

◊ Donnez-lui du Seven-Up dont vous aurez pris soin d'enlever le gaz en laissant la bouteille ouverte (le Seven-Up est d'ailleurs une bonne source de minéraux et de glucose).

DIARRHÉE

Causes

◊ Une allergie à certains aliments ;
◊ Des parasites internes ;
◊ Trop de gras ;
◊ Un changement radical d'alimentation ;
◊ De la nourriture froide et trop épicée ;
◊ Du stress ;
◊ Le colorant dans la nourriture ;
◊ Du poison.

Traitement

◊ Cesser de le nourrir et de lui donner de l'eau pendant 24 à 36 heures.

◊ Lui donner du Pepto-Bismol. (Voir « Médication et dosage » au chapitre « Maladies, parasites ; Problèmes et remèdes ».)

◊ Après un jeûne de 24 heures, donnez-lui des nourritures douces. (Voir « Régimes particuliers » au chapitre « Alimentation ».)

◊ Enfin, graduellement, ramenez-le à son alimentation habituelle.

ÉLECTRIQUES, CHOCS

◊ Débranchez l'appareil, source de problèmes.

◊ Administrez-lui la respiration artificielle, si cela s'avère nécessaire. (Voir « Respiration artificielle » dans ce chapitre.)

◊ Faites-lui sentir de l'ammoniaque.

◊ Téléphonez immédiatement à votre vétérinaire.

◊ Si votre chien est encore conscient, donnez-lui un peu de café ou même du whisky.

ENGELURES

◊ Pour les engelures, une chaleur humide et stable est le meilleur traitement ; placez la partie gelée dans de l'eau tiède et augmentez la température graduellement. Attention de ne pas dépasser 38,5 °C (102 °F).

ENTORSE

◊ Aussitôt après que votre chien s'est infligé cette blessure, appliquez-lui une compresse froide que vous laisserez en place de dix à quinze minutes, avant de recommencer deux heures plus tard. Répétez trois ou quatre fois.

◊ Voyez à ce que le chien ne s'appuie pas sur le membre blessé.

◊ Dans certains cas, des attelles seront nécessaires.

ÉTRANGLEMENT

◊ Essayez de retirer le corps étranger avec vos doigts. Agissez rapidement afin d'éviter que l'objet ne puisse s'enfoncer davantage dans sa gorge.

◊ Si un fil pend de la bouche du chien, ne tirez pas dessus, parce qu'il peut y avoir une aiguille au bout : emmenez rapidement votre chien chez le vétérinaire.

◊ Si vous ne pouvez pas enlever avec les doigts l'objet qui obstrue la gorge, essayez la méthode

Heimlich ; avec le chien couché sur le côté, poussez fermement avec les deux mains sur ses dernières côtes. Relâchez avant de répéter plusieurs fois : l'objet peut se dégager.

FIÈVRE

◊ La fièvre peut être l'indication d'un problème sérieux. Observez bien votre chien pour voir si d'autres symptômes ne se manifestent pas en même temps. Consultez votre vétérinaire.

◊ La fièvre rendra votre chien assoiffé mais il risque fort de vomir l'eau qu'il avalera. Une solution : placez quelques cubes de glace dans son bol au lieu de l'eau.

FLATULENCES

Causes

◊ Les flatulences ou gaz peuvent dépendre d'une alimentation trop riche en viande, en amidon ou en épices ; du fromage Cottage, d'aliments trop gras ou encore des légumes de la famille du chou.

◊ Cela peut se produire si votre chien avale ses aliments trop rapidement : il avale de l'air.

Traitement

◊ Les pilules de charbon après le repas peuvent aider.

◊ Le lait de magnésie aussi (voir « Médication et dosage » au chapitre « Maladies, parasites ; Problèmes et remèdes »).

GARROT

◊ La compréhension de la fonction du garrot est absolument nécessaire si l'on veut pouvoir arriver à des résultats profitables.

◊ Un garrot improvisé peut être fait d'une cravate, d'un bas, d'une ceinture ou de n'importe quel morceau de tissu découpé en lanières.

◊ Le garrot devrait être placé près de la blessure, mais surtout entre celle-ci et le cœur. Notez qu'il ne faut jamais avoir recours à un garrot pour une blessure à la tête ou au cou.

◊ Le garrot devrait être assez serré pour contrôler le saignement.

◊ Il ne faut pas oublier de le desserrer toutes les dix minutes et pendant trois ou quatre minutes. Vous devez aussi emmener votre chien chez le vétérinaire le plus rapidement possible.

GUIDE MÉDICAL

◊ Un guide médical est toujours pratique pour vous aider à reconnaître les symptômes d'une maladie ou d'un malaise et apprendre la façon précise d'administrer les premiers soins.

◊ On ne peut que vous conseiller d'acheter un bon livre écrit par un vétérinaire. Demandez au vôtre, il saura sans doute vous en recommander un.

HOQUET

◊ Le hoquet est normal chez les jeunes chiots, mais si cela se produit trop fréquemment ce peut être un signe de problèmes d'alimentation.

◊ Cela peut aussi être un symptôme annonciateur de vers. Surveillez ses selles.

LUXATION

◊ Lorsqu'il y a luxation ou dislocation de la hanche ou du genou, les premiers symptômes apparant sont une perte de mouvement accompagnée d'enflure. Appliquez des compresses froides sur la blessure et voyez votre vétérinaire.

MORSURES DE SERPENTS

◊ Généralement, deux marques de dents sont le signe d'une morsure de serpent venimeux ; une seule marque de dent, en forme de « U », est laissée par les serpents qui ne sont pas venimeux :

◊ Immobilisez et calmez l'animal ;

◊ Mettez-lui une muselière, car les morsures de serpents sont très douloureuses et pourraient même inciter votre chien à se retourner contre vous ;

◊ Retirez le venin en faisant une petite incision dans la blessure et en suçant le venin avec votre bouche, en prenant bien soin de ne pas l'avaler. Recrachez-le ;

◊ Mettez un tourniquet entre la morsure et le cœur. Détachez-le pendant une minute toutes les quinze minutes ;

◊ Nettoyez la blessure avec du savon et de l'eau ou, mieux encore, lavez avec du peroxyde d'hydrogène ; essuyez ensuite votre chien et appliquez-lui une compresse froide ;

◊ Ne lui donnez aucun stimulant ;

◊ Menez immédiatement votre chien chez le vétérinaire pour qu'il reçoive une piqûre antivenimeuse.

OREILLES, PROBLÈMES AUX

Chancres (petits ulcères ayant tendance à ronger les parties environnantes)

◊ Les chancres dans les parties internes des oreilles peuvent être causés par l'eau, la poussière, les parasites ou l'eczéma.

◊ Les chancres dans les parties externes des oreilles peuvent être causés par une coupure, une morsure ou une ecchymose. Si l'animal se gratte, se frotte ou se cogne les oreilles, le problème peut s'aggraver.

◊ Des ulcères ou des irritations peuvent apparaître dans le canal auriculaire.

◊ Les symptômes des chancres dans l'oreille sont : une oreille enflée et chaude, des écoulements noirs ou foncés et une odeur nauséabonde.

◊ Nettoyez les oreilles du chien tous les jours et appliquez une lotion antiseptique douce. Si cela ne règle pas le problème, voyez votre vétérinaire.

Mites (symptômes)

◊ Le chien branle de la tête sans raison ou se frotte l'oreille affectée.

◊ Du canal de l'oreille s'écoule un liquide cireux et foncé.

◊ Dans le doute, ne courez pas de risques : voyez votre vétérinaire.

Mites (traitement)

◊ Nettoyez-lui l'oreille (ou les oreilles) avec des Cotons-Tiges trempés dans l'alcool ou le peroxyde d'hydrogène ou l'huile minérale.

◊ Consultez votre vétérinaire ; il peut seul lui prescrire un médicament efficace pour les combattre.

OREILLES, SOIN DES

◊ Des oreilles propres et sèches ne causent que très rarement des problèmes.

◊ Si un chien à longues oreilles a des problèmes, attachez-lui les oreilles au-dessus de la tête avec du ruban adhésif pharmaceutique pour permettre une meilleure circulation d'air.

◊ Pour les lui nettoyer, trempez une débarbouillette dans de l'huile minérale.

◊ Si le chien a les poils longs, il sera peut-être nécessaire de lui raser la partie interne de l'oreille.

◊ Si un chien joue dans l'herbe, regardez si des corps étrangers ne se seraient pas introduits dans le canal de son oreille.

◊ Essayez d'éviter que l'eau pénètre dans ses oreilles lorsque vous le lavez.

◊ Si votre chien continue d'afficher des signes de douleur (s'il branle la tête sans raison et continuellement, s'il gémit ou refuse de manger) voyez votre vétérinaire.

ORTIES

◊ Les orties peuvent provoquer des irritations. Le vétérinaire peut vous recommander des antihistaminiques.

◊ Pour soulager une douleur intense, donnez un bain à votre chien dans de l'eau froide avec du vinaigre : deux litres d'eau pour un demi-litre de vinaigre.

PIQÛRES D'INSECTES, ET DARDS

◊ Retirez avant tout le dard.

◊ Une piqûre dans la bouche peut causer une enflure qui empêchera le chien d'ingurgiter quoi que ce soit, voire même de respirer. Utilisez de la glace pour garder l'enflure sous contrôle et menez votre chien chez le vétérinaire.

◊ Certains chiens sont très allergiques aux piqûres d'abeilles, c'est pourquoi il est conseillé d'avoir de l'antihistaminique prescrit par votre vétérinaire dans votre trousse de premiers soins.

◊ Si les piqûres ne semblent pas graves, vous pouvez alors simplement appliquer de l'Ozonol sur la partie touchée. Après quelques jours, toute trace aura disparu.

POISONS

◊ Si vous avez des doutes quant à un produit qui contiendrait du poison, renseignez-vous auprès de votre vétérinaire.
◊ Un empoisonnement peut se produire de quatre façons : par absorption, par ingestion, par inhalation et par injection.

Par absorption

◊ L'absorption survient lorsque des substances comme de l'acide ou des insecticides, entrent en contact avec la peau de l'animal ; celle-ci se trouve alors à l'absorber.
◊ Enlevez ce qui reste du produit en lavant et en rinçant l'animal à fond.

Par ingestion

◊ Les premiers symptômes sont la salivation, les nausées, les vomissements et un ventre qui devient tendu.
◊ Les symptômes plus avancés sont une respiration lente, des évanouissements, des spasmes et la paralysie. On trouvera aussi du sang dans l'urine.
◊ Lavez à l'aide d'un chiffon et rincez la gueule de votre chien le mieux possible afin d'enlever les restes de ce qui a pu provoquer l'empoisonnement.
◊ Gardez votre chien tranquille et au chaud.
◊ Ne le faites pas vomir s'il a avalé une substance caustique. (Toute substance capable de brûler, corroder ou détruire des tissus vivants est une

substance caustique ; cela comprend l'alcali, les dérivés des produits du pétrole, les acides.) S'il est conscient, donnez à votre chien du lait ou de l'eau de manière à diluer le poison.

◊ Pour un empoisonnement non caustique, faites-le vomir en lui donnant à boire une mixture faite d'une part de peroxyde d'hydrogène et d'une part d'eau (voir « Vomissement » dans ce chapitre).

◊ Vous lui donnerez ensuite à manger des œufs crus et du lait pour diluer le poison et l'en protéger. On évitera toutefois d'avoir recours à cette méthode pour les poisons qui contiennent du phosphore.

◊ Conduisez aussitôt votre chien chez le vétérinaire. Apportez des échantillons du poison, de ses vomissures et de sa bave.

Par inhalation

◊ Si votre chien a été en contact avec des produits toxiques comme la colle à avion, les nettoyants, le gaz, etc. Sortez-le immédiatement à l'air frais et, si nécessaire, faites-lui la respiration artificielle.

Par injection

◊ L'empoisonnement par injection se produit lorsque le chien a une réaction allergique aux vaccins, aux médicaments, aux piqûres d'insectes ou aux morsures de serpents.

◊ Enlevez le dard, si dard il y a, et nettoyez la blessure en appliquant une compresse froide afin de réduire l'enflure.

◊ Si la réaction est plus grave et que votre chien présente des symptômes inhabituels, il sera peut-être nécessaire de lui faire la respiration artificielle. Rendez-vous aussitôt chez votre vétérinaire. (Pour les morsures de serpent, voir « Morsures » dans ce chapitre.)

PROSTRATION, OU COUP DE CHALEUR

Symptômes

◊ Forte respiration ;
◊ Bave sur la bouche ;
◊ Gencives pâles ou grises ;
◊ Vomissements ;
◊ Respiration rapide et anormale ;
◊ Forte fièvre (jusqu'à 41,5 °C ou 107 °F) ;
◊ Spasmes musculaires ;
◊ Perte de conscience.

Traitement

◊ Gardez le chien dans un endroit frais.
◊ Sortez-lui la langue pour éviter qu'il ne l'avale et s'étouffe.
◊ On peut aussi placer une serviette d'eau froide sur le corps et la tête du chien.
◊ Vous pouvez aussi immerger votre chien dans un bain d'eau froide.
◊ Un lavement frais peut aussi réduire la température.
◊ S'il est conscient, donnez-lui un peu d'eau.
◊ Attention à ne pas réduire trop brusquement sa température ; surveillez le thermomètre toutes les cinq minutes, jusqu'à ce que la température redevienne normale.
◊ Conduisez votre chien immédiatement chez le vétérinaire.

QUEUE

◊ Pour protéger la queue de votre chien, de façon à ce qu'elle puisse guérir, mettez un bandage de gaze sur la blessure.
◊ Si la peau est déchirée, désinfectez puis appliquez un onguent médicamenté du genre Ozonol.

◊ Si la queue est cassée ou partiellement arrachée, conduisez aussitôt votre chien chez le vétérinaire.

RESPIRATION ARTIFICIELLE

◊ Si votre chien a cessé de respirer, pour quelque raison que ce soit, il faut aussitôt lui faire la respiration artificielle ; il est parfois nécessaire de le faire pendant une période de trente à soixante minutes.

Méthode avec pression sur la poitrine

◊ Couchez votre chien sur le côté droit, sur une surface dure.

◊ Tirez-lui la langue vers l'avant, afin d'éviter qu'il ne s'étouffe.

◊ Retirez-lui les corps étrangers de la gorge, s'il y en a de coincés.

◊ Appuyez fermement sur les côtes derrière l'épaule.

◊ Relâchez rapidement.

◊ Répétez les mouvements (appuyer et relâcher) environ douze fois à la minute.

Méthode de la bouche au museau

◊ Tirez-lui la langue.

◊ Retirez de sa gorge tout corps étranger qui s'y trouve.

◊ Tenez-lui la bouche fermée.

◊ Soufflez fermement dans ses narines environ vingt fois à la minute.

◊ Continuez jusqu'à ce qu'il ait retrouvé son rythme normal de respiration.

◊ Si l'assistance d'un vétérinaire s'avère nécessaire, continuez à pratiquer cette méthode pendant le trajet.

RHUMES ET CONGESTIONS

◊ Un nez qui coule et des difficultés à respirer peuvent être des symptômes de la maladie des jeunes chiens, aussi appelée maladie de Carré (distemper). Toutefois, s'il n'y a pas d'autres symptômes apparents, ce peut être un rhume ordinaire.

◊ Si l'animal contracte une pneumonie, il devra être gardé dans une pièce chaude et humide.

◊ Pour humidifier la pièce, on se servira d'un humidificateur dans l'eau duquel on aura versé deux ou trois gouttes de teinture d'iode ou de camphre.

◊ Si vous n'avez pas d'humidificateur, vous pouvez faire bouillir de l'eau ou installer le chien dans la salle de bains et laisser couler l'eau chaude jusqu'à ce que la pièce soit humide.

◊ Vous pouvez aussi mettre un peu d'onguent Vicks sur son nez ; naturellement, le chien le léchera et le camphre qu'il contient l'aidera à respirer.

◊ Une lampe solaire peut aussi procurer de la chaleur, mais protégez-lui les yeux.

◊ Si votre chien doit sortir alors qu'il fait très froid, mettez-lui une couverture autour de la poitrine ou un petit chandail.

SAIGNEMENTS

◊ Un sang rouge qui gicle indique qu'une artère a été sectionnée : le problème est sérieux. Placez un pansement stérilisé sur la blessure et appuyez fermement. Le temps est important. Si vous n'avez pas de pansement, appuyez directement vos doigts sur la blessure afin de réduire l'écoulement du sang. Conduisez votre chien chez le vétérinaire le plus rapidement possible.

◊ Si c'est une veine qui saigne, l'écoulement sera plus lent et d'une couleur rouge foncé : appliquez un bandage serré sur la blessure.

◊ Un sac de glace peut ralentir le saignement.

Hémorragie interne

◊ Le chien laissera paraître des symptômes de choc.

◊ L'hémorragie des poumons ou de l'estomac se distingue par un sang rouge, très clair, que le chien rejette lorsqu'il tousse ou vomit.

◊ Une hémorragie provoquée par une blessure au haut des intestins causera des selles noires.

◊ Une hémorragie provenant de la partie inférieure des intestins causera des selles mêlées à du sang rouge vif.

THERMOMÈTRE

◊ Vous pouvez vous servir d'un thermomètre rectal ordinaire ; stérilisez-le avec de l'alcool, enduisez-en l'extrémité de Vaseline et enfoncez les 3/4 du thermomètre dans le rectum du chien. Laissez-le ainsi pendant deux minutes ; la température normale du chien varie de 35,5 °C à 39 °C.

TOUX

◊ La toux peut être un symptôme d'un problème plus sérieux. Observez donc votre chien attentivement et téléphonez, au besoin, à votre vétérinaire.

Toux de chenil

◊ Cette toux, sèche et dure, est généralement contractée au contact d'autres chiens (d'où son nom de toux de chenil) ; il faut absolument la soigner le plus rapidement possible sinon elle risque de dégénérer en laryngite puis en bronchite.

◊ Isolez votre chien : c'est une maladie contagieuse.
◊ La période d'incubation est de cinq à dix jours. Votre vétérinaire peut vous prescrire un médicament pour soigner cette toux.
◊ Dans certains cas, si votre chien est en contact permanent avec d'autres chiens, vous pourriez peut-être le faire vacciner contre cette maladie.

TROUSSE

◊ Votre trousse de premiers soins devrait contenir :
◊ Du ruban adhésif
◊ De l'antihistaminique
◊ De la poudre antiseptique
◊ Du bicarbonate de soude
◊ Des ciseaux à bouts arrondis
◊ De l'acide borique
◊ De l'onguent pour les yeux
◊ De la gaze
◊ Du peroxyde
◊ Du lait de magnésie
◊ De l'ammoniaque
◊ Du coton stérilisé
◊ Une cuillère
◊ Un thermomètre
◊ Une paire de petites pinces
◊ Un pot de Vaseline

URINE, RÉTENTION

◊ Ce problème peut avoir plusieurs causes, mais ce peut être simplement le mauvais temps qui le retient à l'intérieur. Généralement, on trouvera la cause dans un rhume, des problèmes aux reins, des problèmes à la prostate ou dans un facteur extérieur : des produits toxiques avec lesquels le chien aurait pu être en contact.

◊ L'obésité peut aussi être la cause de ce problème.
◊ Dans tous les cas – sauf le dernier où c'est une diète qui s'impose – on donnera au chien dix gouttes de nitrate de potassium mélangées à deux cuillerées à thé d'eau toutes les trente minutes, pendant une heure et demie. Si le problème persiste, consultez votre vétérinaire.

VITAUX, LES SIGNES

◊ Vérifiez les signes vitaux (pouls, rythme respiratoire et température) avant que votre chien ne soit victime d'un accident ou d'une maladie. Notez les données que vous recueillerez. Ainsi, s'il survient quelque chose d'inhabituel, vous saurez ce qui est normal pour lui.

Pouls

◊ Le pouls normal d'un chien peut varier de 80 à 140 battements par minute ; pour les gros chiens ou les chiens plus âgés, le pouls est généralement plus lent.
◊ Un pouls très rapide est caractéristique d'un choc.
◊ Un pouls qui est faible est un signe sérieux.
◊ Le pouls doit être pris où l'artère est en surface. Un bon endroit pour le prendre est l'intérieur de la patte de derrière, là où la jambe se joint au corps.

Respiration

◊ La respiration normale se situe entre 10 et 30 à la minute ; il faut compter soit les inspirations, soit les expirations, mais pas les deux.

Température

◊ La température normale d'un chien se situe entre 35,5 °C à 39 °C.

VOMISSEMENTS ET NAUSÉES

Causes

◊ Les chiens peuvent vomir comme et quand ils le veulent, sans que cela ne soit le signe d'un mauvais fonctionnement. Toutefois, si le chien vomit régulièrement et sans que vous ne puissiez en déceler la cause, voyez votre vétérinaire.

◊ Le chien peut vomir parce qu'il souffre d'une maladie, notamment le distemper, l'hépatite, les maladies de reins ou d'autres encore.

◊ On peut parfois en trouver la source dans des allergies ; peut-être parce qu'on aura changé son alimentation ou qu'on le nourrit trop ; cela peut se produire s'il mange de l'herbe, s'il est constipé, s'il est excité. Ce peut être simplement parce qu'il est jaloux ou qu'il veut attirer votre attention !

◊ Il existe toutefois un danger, car les vomissements, s'ils sont trop fréquents, provoquent la déshydratation.

Traitement

◊ Ne lui donnez ni nourriture ni eau pendant 24 heures.

◊ S'il semble vraiment assoiffé, donnez-lui seulement une ou deux cuillerées d'eau.

◊ Après les vomissements, donnez-lui de petites quantités de bouillon, d'œufs bouillis, de riz, de céréales ou encore de viande hachée bouillie, toutes les deux à quatre heures.

◊ Vous pouvez aussi lui donner du Maalox ou du Pepto-Bismol.

Vomitifs

◊ Attention ! Ne faites pas vomir votre chien s'il a avalé des produits acides, alcalins, des produits du pétrole ou un objet pointu.

◊ Agissez rapidement, afin d'éviter que le poison n'entre dans le système sanguin, si votre chien a avalé de l'antigel, du plomb, du poison à rats, de l'herbicide, etc.

◊ Faites-le aussi vomir s'il vient d'avaler des objets comme un bas, une serviette, des linges ou une roche.

◊ Si l'animal est conscient, servez-vous d'un des vomitifs suivants :

◊ Peroxyde hydrogéné 3 % pleine puissance ou dilué ;

◊ Une cuillerée à thé de sel de table dans une tasse d'eau chaude ;

◊ Une cuillerée à thé de moutarde en poudre dans une tasse d'eau chaude.

YEUX

Blessures

◊ Placez-lui un bandage sur l'œil et emmenez-le immédiatement chez le vétérinaire.

◊ Vous pouvez éviter que votre chien ne se gratte l'œil – ou les yeux – en ayant recours à l'une de ces méthodes :

◊ Vous lui attachez les pattes ensemble de telle manière qu'il puisse marcher, mais ne puisse se gratter les yeux. Vous éviterez ainsi qu'il n'aggrave sa blessure ;

◊ Mettez-lui des petits bas aux pattes ;

◊ Si votre chien a une griffe plus longue que les autres – cela arrive souvent – bandez-la afin qu'il ne puisse rejoindre ses yeux ;

◊ Vous pouvez utiliser le collet élizabethain.

Irritation

◊ Les yeux de votre chien peuvent devenir irrités à cause de la pollution de l'air, de la poussière, du contact avec le savon, ou encore des produits en aérosol et des produits chimiques. Trempez un coton stérile dans de l'eau chaude et pressez-le doucement sur l'œil jusqu'à ce que l'irritation disparaisse. Si cela ne fonctionne pas, c'est que le problème est plus grave que vous ne l'imaginiez : allez voir votre vétérinaire.

◊ Il existe dans les animaleries et les centres spécialisés des gouttes pour les yeux qui aident justement à soulager les irritations mineures.

Risques et dangers

Les animaux domestiques sont aujourd'hui exposés à quantité de produits chimiques et toxiques. Il en existe d'ailleurs un nombre si grand qu'il est impossible de les énumérer tous ; de plus, il faut retenir que le mélange de deux ou trois produits qui peuvent sembler inoffensif au premier abord, peut s'avérer un cocktail dangereux. Alors, avant tout, il y a lieu de prendre quelques précautions de base.

AVANT TOUT...

◊ Gardez les portes des armoires toujours fermées, particulièrement celles de la cuisine, de la salle de bains, celle de la pièce de couture ou de l'atelier.

◊ Vous avez acheté un nouveau compagnon ? Avant qu'il n'entre pour la première fois chez vous, songez à faire un tour d'horizon de la maison et de ses alentours pour y découvrir ce qui pourrait être dangereux pour lui car, vous le réaliserez assez rapidement, un chien peut être curieux et... très rapide.

◊ Avant d'utiliser un produit contenant des agents chimiques, il serait sage de lire consciencieusement l'étiquette et de suivre le mode d'emploi ; cela est d'ailleurs aussi valable pour la protection des humains que pour celle des animaux.

◊ Prenez le temps d'établir une liste de tous ces produits qui pourraient éventuellement être dangereux et dont vous vous servez à la maison ; une fois cette liste établie, incrivez à côté de chacun de ces produits quel est l'antidote et les premiers soins à apporter. Cela vous prendra quelques heures, mais dites-vous que votre peine serait beaucoup plus grande si vous perdiez votre animal à cause d'une négligence.

◊ Soyez constamment aux aguets de ce qui pourrait être une menace pour votre chien. Souvent ce sont des objets d'usage quotidien et dont on ne réalise plus les dangers : pensez-y!

AÉRATION

◊ Si une pièce a été désinfectée par fumigation, n'y laissez pas pénétrer votre animal avant que la pièce ait été complètement aérée.

◊ Ne laissez pas pénétrer votre chien dans une pièce où il y a un danger d'inhalation de fumée, de colle pour modèles réduits, de liquide nettoyant, d'effluves de peinture en aérosol.

◊ Certains médicaments à base d'huile, prescrits pour les chiens, peuvent toutefois être dangereux s'ils en inhalent les vapeurs (par la trachée ou les poumons). La façon la plus sécuritaire d'administrer ces médicaments est de former un genre de poche avec sa lèvre du bas, d'y verser une petite quantité du médicament et de lui flatter la gorge pour l'encourager à l'avaler.

ALUMINIUM

◊ Ne nourrissez jamais un chien dans un plat en aluminium du genre *tv-dinner,* parce que le chien peut le mâcher et en avaler des morceaux qui risqueraient de lui perforer les intestins.

ANTIGEL

◊ Curieusement, les animaux sont attirés par l'arôme et le goût de l'antigel ; mais songez que seulement deux ou trois cuillerées à thé de ce produit peuvent provoquer la mort de n'importe quel chien ; une quantité moindre peut causer de sévères lésions aux reins.

ASPHYXIE

◊ L'asphyxie est due à un manque d'oxygène et à un excès de dioxyde de carbone dans le sang.

◊ Ne laissez jamais un chien jouer avec des sacs de plastique : il peut s'étouffer et suffoquer.

◊ Les vieux réfrigérateurs, les boîtes vides, même de carton, les petites garde-robes, les puits à la campagne sont tous des objets ou des endroits potentiellement dangereux.

◊ Attention, aussi, à ces petits objets que l'animal pourrait avaler et qui, coincés dans sa gorge, pourraient causer l'asphyxie. À ce moment-là, il pourrait être nécessaire de donner la respiration artificielle (voir « Respiration artificielle » au chapitre « Premiers soins »).

AUTOMOBILE

◊ Il existe des colliers fluorescents, mais vous pouvez aussi coller une bande de papier fluorescent sur le collier de votre chien. La nuit, cela aiderait les conducteurs de véhicules à voir et à éviter votre chien.

◊ Une auto stationnée en plein soleil peut devenir un piège mortel pour votre chien. N'oubliez pas qu'une voiture stationnée sous le soleil peut voir sa température atteindre les 40 °C et même 50 °C. en quelques minutes seulement.

◊ Ne laissez pas votre chien dormir sous une voiture. Un jour, il pourrait s'assoupir sous une voiture autre que la vôtre et le conduteur pourrait ne pas s'en apercevoir.

◊ Habituez votre chien à courir ni après les automobiles, ni après les bicyclettes, ni même les piétons – c'est autant de façon de veiller à ce qu'il évite les voies publiques. Cela vous évitera des problèmes avec les voisins.

BOÎTES DE CARTON

◊ Attention de ne jamais placer un jeune chien dans des boîtes de carton qui auraient pu être aspergées avec des pesticides ou qui auraient contenu des fruits qui, eux, auraient été aspergés avec des pesticides.

BRAN DE SCIE

◊ Même si l'on se sert de bran de scie pour certaines litières dans certaines animaleries et plus encore chez certains éleveurs de chiens, on ne devrait jamais s'en servir pour le Chihuahua ou pour ces autres races de petits chiens : le bran de scie peut être particulièrement dangereux pour les yeux du chien et il peut aussi se mêler à sa nourriture.

◊ Si un chiot mange du bran de scie, cela peut lui bloquer les intestins et s'il ne parvient pas à l'éliminer naturellement, il faudra le faire par chirurgie.

BRÛLURES

◊ Le gros chien qui se tient sur ses pattes de derrière, peut se brûler en faisant tomber des chaudrons de la cuisinière ; il faut donc veiller à tourner les poignées de façon à ce que le chien ne puisse les atteindre. L'idéal est de l'habituer à se tenir loin de la cuisinière. (Voir « Brûlures » au chapitre « Premiers soins ».)

CASSETTES

◊ Gardez bien vos cassettes audio et vidéo hors de portée du chien ; des rubans avalés, ils pourraient provoquer des lésions intestinales graves.

COLLIERS ANTIPUCES ET PARASITICIDES
(produits qui détruisent les parasites)

◊ On se fie parfois trop au collier contre les puces ; on oublie que ce dernier perd de 40 % à 50 % de son efficacité dès la première fois où il est mouillé. Pensez-y si votre chien est souvent à l'extérieur.

◊ Il ne faut pas mettre un collier antipuces à un chien qui a reçu des médicaments contre les vers.

◊ Les colliers antipuces sont efficaces pour la majorité des animaux ; toutefois, il faut savoir que certains chiens peuvent être allergiques aux produits chimiques que contiennent ces colliers : cela pourrait provoquer des irritations cutanées et même des problèmes reliés aux bronches.

◊ Attention ! Ne vaporisez pas de parasiticides sur votre chien avant de lui mettre un collier antipuces. On peut utiliser l'un ou l'autre, mais jamais les deux ensemble.

◊ Les parasiticides peuvent être dangereux pour votre chien si vous ne les utilisez pas correctement. Suivez le mode d'emploi avec attention.

◊ Ne gardez jamais de parasiticides une fois qu'ils ont été dilués dans l'eau car, éventuellement, l'eau s'évaporera pour ne plus laisser qu'une concentration de produits chimiques. Ils peuvent brûler votre chien.

◊ Avertissez votre vétérinaire si votre chien porte généralement un collier antipuces, car, pour certains chiens, les effets de certains médicaments peuvent être différents lorsque le chien a été exposé aux produits chimiques qui sont contenus dans les colliers antipuces.

CURE-DENTS

◊ Le cure-dent peut être mortel ! Il peut percer les intestins. Pensez-y !

CUVETTE, NETTOYANTS À

◊ Beaucoup de chiens boivent dans la cuvette des toilettes. Notez que cela est déconseillé, à cause des microbes. Si votre chien s'abreuve aux toilettes, ne vous servez jamais de ces nettoyants que l'on accroche à l'intérieur du réservoir d'eau et dont le contenu s'écoule progressivement, à moins que le mode d'emploi, sur le produit, n'indique qu'il n'y a aucun danger pour votre animal.

◊ Si vous utilisez ces produits et que vous devez vous absenter, abaissez le couvercle de la cuvette.

◊ Lorsque vous avez terminé le nettoyage de la cuvette avec un de ces produits, tirez la chasse d'eau au moins à deux ou trois reprises.

DÉCORATIONS D'ARBRE DE NOËL

◊ Les décorations d'arbres sont fragiles et se brisent facilement ; elles laissent alors de petits morceaux semblables à des écharde et peuvent être dangereuses si le chien les avale.

◊ Il y a aussi les glaçons. S'ils sont très beaux dans l'arbre de Noël... ils peuvent provoquer des lésions intestinales graves.

ÉLECTRICITÉ

◊ Un choc électrique d'une force de 120 volts peut tuer un chien. Il faut donc veiller à minimiser ce risque. La meilleure solution serait de toujours débrancher tous les appareils électriques, mais ce n'est guère pratique pour nous. Alors, pour les chiots attirés par les cordes qui pendent et qui se mâchent si facilement, ou pour les autres chiens dont on n'est pas parvenu à vaincre la mauvaise habitude, on peut les éloigner facilement en enduisant les fils de branchement des appareils électriques de sauce Tabasco. Le truc fonctionne à tout coup !

EMPOISONNEMENT

Au cuivre

◊ Une forte concentration de cuivre dans l'eau du robinet peut causer des problèmes de santé physique et mentale à votre animal ; si vous avez des tuyaux en cuivre dans votre maison, il est conseillé de laisser couler l'eau une trentaine de secondes avant de l'utiliser. Cela permettra aux particules de cuivre de s'écouler, tout au moins en partie.

Au monoxyde de carbone

◊ Ce gaz inodore et incolore peut être fatal pour votre animal.
◊ Pour la sécurité de votre chien et pour la vôtre, vérifiez que le tuyau d'échappement de votre voiture fonctionne de façon satisfaisante.
◊ Ne transportez jamais votre chien dans le coffre de votre voiture.
◊ Les poêles et les chaufferettes à gaz propane sont potentiellement dangereux lorsqu'ils sont utili-

sés dans une caravane, une tente-caravane ou dans une tente qui n'offre pas une bonne circulation d'air.

◊ En cas d'empoisonnement au monoxyde de carbone, la première chose à faire est de sortir immédiatement votre chien à l'air pur ; il faut aussi lui donner la respiration artificielle s'il a cessé de respirer.

Au plomb

◊ L'empoisonnement au plomb affecte le foie, les reins et le cerveau. Des soins médicaux rapides sont nécessaires ; les symptômes consistent en des douleurs abdominales et des convulsions.

◊ Depuis approximativement une vingtaine d'années, on n'utilise plus de plomb dans la fabrication des peintures pour les maisons ; toutefois, les plus vieilles maisons ont été peinturées avec ce genre de peinture à base de plomb. Il est donc dangereux que votre chien mâchouille ou lèche ces surfaces. Surveillez-le, dans ces circonstances. Notez également que certaines peintures, dont se servent les peintres professionnels, contiennent toujours du plomb.

◊ Les composés du plomb dont on se sert en céramique sont inoffensifs s'ils ont été utilisés proprement et s'ils sont cuits ; si les pièces ne sont pas encore cuites, elles peuvent être dangereuses. Il faut les garder hors de la portée du chien.

◊ Les magazines et les journaux contiennent suffisamment de plomb pour empoisonner un chien qui les mâchouillerait pendant quelques heures.

◊ Les morceaux de peinture provenant de vieux jouets écaillés peuvent provoquer un empoisonnement au plomb ; avec les nouveaux jouets, ce risque n'existe pas.

◊ Le linoléum, les produits pour les toits, les plombs pour la pêche, les balles de golf sont d'autres produits dangereux qui contiennent du plomb et que nous retrouvons dans notre environnement.

ÉTRANGLEURS

◊ Ces colliers ne devraient être portés que lors des séances d'entraînement ou lorsqu'on promène un chien plus imposant que nous par son poids ou par sa force.

◊ Un chien ne devrait jamais être attaché avec un étrangleur ; il peut s'accrocher à quelque chose et se pendre.

FIXATIFS

◊ On ne devrait pas se servir de fixatif pour cheveux en aérosol lorsque l'animal est tout près : les chiens sont souvent allergiques à ce produit qui peut provoquer une forme d'asthme, s'il y a une exposition régulière.

FLEURS, ARBRES ET VÉGÉTAUX : CE QU'IL FAUT SAVOIR

◊ Vous connaissez les plantes dangereuses de votre voisinage mais, si vous vous déplacez, voici des fleurs, des arbres et des végétaux qui peuvent être également dangereux.

Fleurs

◊ Azalée	toutes ses parties
◊ Bouton d'or	toutes ses parties
◊ Crocus d'automne	toutes ses parties
◊ Daphnée	toutes ses parties
◊ Delphinium	toutes ses parties
◊ Iris	ses feuilles et racines
◊ Jasmin	ses fleurs et baies
◊ Narcisse	ses bulbes
◊ Tulipe	ses bulbes

Plantes d'intérieur

◊ Chrysanthème	la résine de ses tiges
◊ Dieffenbacchia	toutes ses parties
◊ Gui	ses baies
◊ Philodendron	toutes ses parties
◊ Poinsettias	toutes ses parties
◊ Rose de Noël	toutes ses parties

Arbres

◊ Abricotier	ses noyaux
◊ Avocatier	ses feuilles et ses tiges
◊ Cerisier	ses noyaux
◊ Chêne	ses feuilles
◊ If	toutes ses parties
◊ Pommier	ses graines, mangées en grande quantité

Végétaux

◊ Pomme de terre	toutes ses parties sauf les tubercules
◊ Rhubarbe	ses feuilles
◊ Tomate	ses feuilles

FOIN, OU PAILLE

◊ Attention au foin ou à la paille dont certains se servent pour faire la litière de leur chien : chez certains chiens cela peut provoquer une réaction allergique qui affecte les bronches et les poumons.

GARAGES

◊ Un chien que l'on garde dans un garage est exposé à de nombreux dangers. Il faut penser à garder les aérosols, les solvants, les produits dérivés du pétrole, les nettoyants contre la corrosion et la rouille, l'antigel, etc. dans un endroit qui lui sera inaccessible.

◊ Lorsque vous emplissez d'antigel le réservoir de votre voiture, soyez sûr que l'entonnoir dont vous vous êtes servi et ce que vous avez pu renverser sur le sol soit bien nettoyé. Quant à ce qui vous reste dans le bidon, il faut bien le ranger. N'oubliez pas : deux cuillerées à thé peuvent être fatales pour un petit chien.

◊ Ne réchauffez jamais votre voiture avec la porte de garage fermée.

GOLF, BALLES DE

◊ Les balles de golf peuvent exploser lorsqu'elles sont percées, parce qu'elles sont fabriquées sous une pression très haute. Elles contiennent aussi de l'acide sulfurique, du sulfite de zinc, de l'oxyde de plomb, etc. Évitez de donner une balle de golf à votre chien pour qu'il s'amuse.

HERBICIDES

◊ Avant d'arroser votre pelouse ou vos fleurs pour enrayer les mauvaises herbes, lisez attentivement le mode d'emploi, parce que les herbicides contiennent des produits chimiques très toxiques.

◊ Ne laissez pas votre chien courir sur un terrain qui a été traité aux herbicides ; il ne mangerait probablement pas les plantes qui ont été arrosées, mais le poison pourrait être absorbé à travers la peau et par les poumons.

INCENDIES

◊ Les incendies se produisent souvent lorsqu'il n'y a personne à la maison. Votre animal n'a guère de moyen de se sortir d'un tel piège encore moins si vous le gardez en cage. La meilleure façon de prévenir ce risque est d'indiquer, à la porte de votre logement ou de votre maison, que vous avez un chien et l'endroit approximatif où il peut se trouver.

JOUETS

◊ Attention de ne pas donner à votre chien des balles ou des jouets trop petits qu'il pourrait avaler.

◊ Les jouets en caoutchouc mou peuvent être mastiqués et les morceaux, lorsqu'ils sont avalés, peuvent étouffer l'animal ; il en est de même pour les jouets en peluche à cause du rembourrage.

◊ Les chiens peuvent facilement déchirer un jouet qui fait de la musique et en avaler le mécanisme.

◊ Un chien adulte peut avaler un bas de coton ou un bas de nylon qu'on lui aurait donné pour s'amuser.

MÉDICAMENTS

◊ Évitez de soigner votre chien avec les médicaments que votre médecin a pu vous prescrire ; la tolérance du chien n'est pas la même que la nôtre, et les risques de surdose sont élevés. Certains onguents et certaines crèmes peuvent parfois servir, mais pour en être assuré, demandez l'avis de votre vétérinaire.

◊ Les bouchons de sécurité des contenants de pilules peuvent être efficaces pour un enfant qui cherchera à ouvrir la bouteille, mais c'est différent pour un chien qui pourra écraser ou briser la bouteille de plastique en la mordant.

◊ Si votre chien a avalé des médicaments : appelez votre vétérinaire sans tarder. Dans certains cas, un pharmacien pourra aussi vous conseiller.

NOYADE

◊ Si un chien tombe dans une piscine, il peut se noyer. Alors, pourquoi ne pas prévoir une petite rampe ou un petit escalier qui pourrait permettre à votre chien de sortir seul de l'eau.

OS

◊ Les os de poulet, de porc, ainsi que les arêtes de poissons se cassent facilement et peuvent se loger dans la gorge ou percer les intestins d'un chien ; à ces os on préférera les os de bœuf, les plus gros, qui présentent beaucoup moins de danger.

PLANTES D'INTÉRIEUR

◊ Évitez de garder des plantes d'intérieur vénéneuses, même si la plante semble hors de portée du chien ; il suffirait qu'une feuille ou un bourgeon tombe sur le sol et que le chien le mange pour que cela puisse être dangereux. Si cela devait arriver à votre chien, téléphonez aussitôt à votre vétérinaire pour un antidote. (Voir « Fleurs, arbres et végétaux » dans ce chapitre.)

PLASTIQUE, LES SACS DE

◊ Pratiques, les sacs de plastique : on ne saurait plus s'en passer ! Mais c'est un autre danger pour nos chiens. En plus d'être... indigeste, le plastique avalé peut coller dans la gorge de l'animal et mettre sa vie en danger.

◊ Ne laissez pas traîner les sacs de plastique. Le chien sera porté à jouer avec et augmentera les risques d'asphyxie.

◊ Notez également que le plastique peut causer des allergies chez certains chiens.

POUDRE POUR BÉBÉS

◊ Les éleveurs, particulièrement ceux qui élèvent des petits chiens, connaissent bien les dangers de l'utilisation de la poudre pour bébés ; elle est sans doute inoffensive pour le bébé mais pas pour un chien puisque la plupart de ces poudres contiennent de l'acide borique qui peut empoisonner un petit animal.

PRODUITS NETTOYANTS ET VAPORISATEURS

◊ Il est déconseillé d'utiliser des vaporisateurs ou des nettoyants qui contiennent du phénol (un des principaux éléments des désinfectants) ou de l'acide carbonique. Lorsqu'on s'en sert, il faut voir à ce que l'animal soit hors de portée. Ces produits peuvent être absorbés par la peau et sont d'une extrême nocivité. Ils peuvent provoquer des dommages au foie ou aux reins, ou de l'anémie.

◊ Voici une (brève) liste de produits nettoyants dont il faut se méfier ; ils peuvent être très dangereux pour votre chien : l'ammoniaque, les nettoyeurs à drain, les nettoyants pour le four, les nettoyants de salle de bains, les cires à meubles et les allumeurs (à poêle, à fondue ou à barbecue). Les déodorisants en vaporisateur sont également très dangereux.

Les aérosols

◊ Les vaporisateurs en aérosol dont on se sert contre les insectes ou pour nettoyer sont, potentiellement, les plus puissants et les plus dangereux mais il ne faut pas non plus oublier ces autres aérosols, les désodorisants, les laques pour les cheveux, ceux pour les premiers soins, etc. Chacun présente ses risques.

◊ Prenez donc quelques minutes pour lire les avertissements sur chaque produit que vous achetez. Vous éviterez peut-être des ennuis.

◊ Rappelez-vous qu'un contenant en aérosol ne doit jamais être laissé dans un endroit où la température excède ou risque d'excéder les 50 °C : il y a alors danger d'explosion.

◊ Ne jetez aucune bombe aérosol, même vide, au feu ; ne les percez jamais. N'oubliez pas que des chiens aiment mâchouiller ces contenants en métal et peuvent les percer avec leurs dents. Il pourrait exploser. Jetez-les donc dans un endroit inaccessible pour l'animal.

◊ Sauf pour les produits conçus spécialement pour se défendre, il ne faut jamais vaporiser quelque produit que ce soit à la figure d'un chien : nombre de ces produits peuvent entraîner des dommages irréparables à ses yeux.

RATS, POISON À

◊ Avant d'utiliser des poisons pour la dératisation, demandez à votre vétérinaire quel type vous devriez utiliser. Certains n'ont ni odeur ni goût ; ils sont d'autant plus dangereux.

◊ Si un chien a mangé du poison à rats contenant du phosphore (on peut s'en apercevoir par son haleine qui semblera avoir des relents d'ail) ne lui donnez pas d'aliments contenant des œufs, de l'huile, du gras ou du lait durant tout le temps qu'il prendra pour récupérer. (Voir « Poison » au chapitre « Premiers soins ».)

SELS

◊ Le sel et les produits chimiques commerciaux que l'on répand sur les trottoirs et les routes l'hiver, peuvent être dangereux pour nos chiens. En plus de brûler leurs coussinets, l'ingestion de ces substances peut provoquer un empoisonnement ou une déshydratation. Il est sage de laver les pattes du chien avec un savon léger après une promenade dans la neige ou sur la glace où de tels produits ont été répandus.

TEINTURES

◊ Certains chiens, comme certaines personnes d'ailleurs, sont allergiques à la teinture ; un coussin teint qui serait mis dans le panier de votre chien pourrait provoquer chez lui des irritations ou des problèmes de peau.

TONDEUSE À GAZON

◊ Gardez vos animaux loin des endroits où l'on tond le gazon : les risques sont nombreux. Des chiens ont perdu la vue à cause des roches qui sont projetées avec le gazon coupé, et des pattes ont déjà été coupées par le couteau de la tondeuse.

Toilettage

Quelle que soit la race de votre chien, qu'il soit un chien de salon ou des bois, il faut lui accorder certaines attentions ; il y a certains soins de... beauté à lui prodiguer. Voici quelques conseils, sommaires certes, mais qui vous permettront de bien vous en tirer !

BAIN, TRUCS POUR LE

Comment faire

◊ Brossez et peignez les poils emmêlés de sa fourrure avant de le laver ; n'oubliez pas que les touffes de poils emmêlés qui restent humides peuvent causer des irritations de la peau.

◊ L'eau devrait être tout juste un peu plus chaude que tiède et ne pas monter plus haut que l'estomac du chien ; attendez que le bain soit coulé avant de le mettre dans la baignoire, l'écoulement de l'eau pourrait le déranger ou l'agacer.

◊ Avant tout, pour éviter que les puces n'aillent se cacher dans les oreilles, nettoyez autour du cou avant de poursuivre le lavage vers l'arrière du corps.

◊ Votre chien montre-t-il des symptômes étranges après les bains que vous lui donnez ? Si c'est le cas, c'est peut-être parce que vous vous servez de savons irritants ou parce que vous avez mal fait le rinçage. S'il reste du savon et que celui-ci sèche sur la peau de l'animal, il est entendu que cela provoquera des picotements et que le chien sera porté à se gratter.

◊ En rinçant votre chien dans un bain d'eau claire, il est plus facile d'enlever complètement le savon ; mais si vous donnez un bain à l'extérieur, prenez un plat et laissez simplement couler l'eau sur le chien. Répétez plusieurs fois.

◊ On conseille aussi de donner le bain dans de l'eau dans laquelle on aura mis du bicarbonate de soude (petite vache).

Contrôler le chien

◊ Un collier ou une laisse attachés au chien vous permettra de mieux contrôler l'animal lorsque vous le laverez.

◊ Et pourquoi ne pas attacher une corde de nylon au collier de votre chien et nouer celle-ci au robinet d'eau froide ? De cette façon, le chien ne pourra pas sauter hors du bain.

Endroits qu'on oublie

◊ Les deux endroits qu'on néglige le plus fréquemment de laver, lorsqu'on donne le bain au chien, sont le pourtour de l'anus et les coussinets de ses pattes. Servez-vous d'une petite brosse pour laver ces endroits.

Fréquence

◊ Les experts ne s'entendent pas quant à la fréquence des bains à donner à un chien.

◊ La fréquence des bains devra être déterminée selon la race de votre chien, son pelage et les circonstances.

◊ Les bains sont nécessaires pour enlever la saleté mais aussi pour contrôler les parasites.

◊ Attention ! N'oubliez pas que les bains assèchent la peau et les poils et que, si les bains sont trop fréquents, votre chien finirait par perdre ses poils.

Glissants, bains

◊ Pour éviter que le chien soit inconfortable et qu'il glisse dans le bain, placez au fond de celui-ci une grosse serviette ou un matelas en caoutchouc. Outre le fait que votre chien se sentira plus en sécurité, vous-même aurez moins de difficultés à le contrôler.

Nettoyage à sec

◊ Si vous ne voulez pas laver votre chien, parce que la température est froide ou parce qu'il est malade, lavez-le à sec. Il existe des produits commerciaux que vous trouverez dans les animaleries ou les centres spécialisés. Ils sont peu chers et d'emploi facile.

◊ S'il arrivait que votre chien soit allergique à ceux-ci, ne désespérez pas. Utilisez simplement de la « petite vache » que vous saupoudrez et faites pénétrer avant de brosser.

Protection pour les oreilles

◊ Lorsque vous lavez ou rincez votre chien, placez vos doigts contre son canal auriculaire pour empêcher l'eau d'entrer dans ses oreilles.

◊ Vous pouvez aussi lui mettre, lors du lavage et du rinçage, de petites boules de coton dans les oreilles.

◊ Surtout, entre nous, évitez de secouer votre chien pour mieux l'essuyer !

Protection pour les yeux

◊ Une goutte d'huile minérale dans ses yeux empêchera le savon de les lui brûler.

◊ Si vous le désirez, vous pouvez mettre de la Vaseline autour des yeux du chien pendant le lavage, de cette façon l'eau glissera autour !

Sécher le chien

◊ Une peau de chamois humide, bien rincée, absorbera beaucoup plus d'eau qu'une serviette ordinaire.

◊ Pour éviter que les poils ne s'entremêlent, essuyez votre chien mais arrêtez-vous avant qu'il ne soit complètement sec.

◊ Si vous asséchez le chien avec un séchoir à cheveux, brossez-le en même temps.

Shampooing

◊ Les désinfectants contenus dans les savons peuvent provoquer l'irritation de la peau. On recommande donc un savon liquide, fait à base d'huile de noix de coco ou l'équivalent. Il en existe d'excellents sur le marché conçus spécialement pour les chiens.

◊ L'utilisation fréquente de savon provoque l'assèchement du poil et de la peau.

Shampooing contre les puces

◊ Les shampooings offerts dans les centres spécialisés sont sans danger, très efficaces et ne sont pas trop chers ; non seulement ces shampooings débarrassent de la poussière et de la saleté, mais ils ne rendent pas la peau sèche ni les poils secs. En même temps, ils aident à guérir les irritations mineures de la peau et tuent les puces !

Tuyaux engorgés

◊ Si vous lavez votre chien dans un bain ou sous la douche, déposez de la laine d'acier sur le drain afin que les poils ne bouchent pas les tuyaux.

◊ Pour obtenir le même résultat, on peut aussi utiliser un filet de nylon que l'on posera également sur le drain ; l'eau s'écoulera facilement et les poils demeureront à la surface.

COURTS, CHIENS À POILS

◊ Un toilettage régulier permet d'enlever les poils morts mais aussi de garder l'huile dans la fourrure.

◊ Servez-vous d'une peau de chamois pour donner une fourrure reluisante.

DENTS

◊ Le tartre est une substance dure et brunâtre qui se dépose sur les dents ; vous pouvez toutefois l'enlever en brossant les dents de votre chien (c'est pourquoi la moulée est recommandée). Notez que vous pouvez aussi acheter un enlève-tartre dans une animalerie ou un centre spécialisé.

◊ On doit enlever le tartre pour prévenir les maladies de gencives ; si vous ne parveniez pas à le faire à votre chien, demandez à votre vétérinaire.

◊ La plaque sur les dents peut être enlevée en brossant tout simplement avec une... brosse à dents ou en frottant les dents avec un linge trempé dans du soda.

ÉQUIPEMENT

Brosses

◊ La brosse raide est recommandée pour les races de chiens qui ont les poils courts, moyens et longs.

◊ La brosse à longues dents est recommandée pour les races de chiens qui ont de longs poils soyeux.

◊ La brosse de caoutchouc est idéale pour lustrer le poil des chiens qui ont le poil court et fin.

◊ La brosse courbe est conseillée pour les races de chiens qui ont le poil de longueur moyenne. On s'en servira notamment pour les Caniches.

Ciseaux

◊ Les ciseaux de barbier à longues lames droites et pointues servent pour la coupe générale.

◊ Les ciseaux qui sont moins coupants ont des lames recourbées et des bouts ronds ; on les utilise pour couper les poils autour des pattes. Ce sont aussi ces ciseaux que l'on conseille si l'on doit tailler le poil d'un chiot nerveux.

◊ Les ciseaux à trimer sont utilisés pour trimer et amincir les poils qui sont épais ou longs. On peut aussi s'en servir pour les poils emmêlés.

◊ Il en existe deux genres ; le premier présente une lame d'un côté et un ciseau de l'autre, alors que le second a deux lames.

◊ Les deux s'équivalent. Achetez le meilleur, il dure longtemps et donne de meilleurs résultats !

Éponge

◊ Une éponge humide nettoiera facilement les poils de la table où vous brossez votre chien, mais elle enlèvera, tout aussi facilement, ceux qui se seront collés à votre équipement ou à vos vêtements.

Gants

◊ Un petit morceau de tapis avec une poignée peut faire une mitaine ! C'est excellent pour brosser le poil de votre chien ; assez dur pour retirer les poils qui sont morts, sans l'être trop pour provoquer des blessures ou des irritations à la peau.

Peignes

◊ Le peigne dur est utilisé pour les poils qui sont forts et denses.

◊ Le peigne doux est suggéré pour les poils doux, rares ou soyeux.

◊ Le peigne moyen est utilisé pour les poils normaux.

Poches

◊ Un tablier de menuisier avec plusieurs poches pour y mettre les peignes, les brosses, les ciseaux et les autres instruments rend le nettoyage beaucoup plus facile puisqu'il nous évite, à tout instant, de chercher un instrument.

◊ Les redingotes dont on se sert en laboratoire (les fameuses « chiennes »), sont souvent utilisées par les professionnels parce qu'elles offrent des poches larges, très utiles pour ranger l'équipement.

Porte-papier

◊ Installez un porte-papier prêt de l'endroit où vous faites le toilettage de votre chien. Des essuie-tout seront moins chers et plus pratiques que les papiers mouchoirs ; ils sont aussi excellents pour nettoyer les oreilles, les yeux, etc.

Post-scriptum

◊ N'oubliez pas que les outils de métal devraient être secs avant d'être rangés.

◊ Pour prévenir la rouille, humectez un tissu d'huile lubrifiante ou de Vaseline et nettoyez vos outils lorsque vous avez fini de vous en servir.

Rangement

◊ Vous pouvez acheter une boîte pour ranger votre équipement de toilettage ou assez facilement en fabriquer une à la maison. Cette boîte se divise en compartiments et en plateaux qui rendent les outils facilement accessibles.

◊ Un coffre à pêche, avec toutes ses divisions, peut devenir une très bonne boîte de rangement.

Séchoir à cheveux

◊ Il est recommandé de se servir d'un séchoir à cheveux pour assécher les poils de votre chien, surtout si vous n'êtes pas trop habile avec une serviette.

◊ Pour prévenir les rhumes, lorsque vous lavez votre chien par temps froid, utilisez le séchoir à cheveux pour accélérer le séchage. Évitez que le chien ne soit en contact avec le froid.

◊ Il existe plusieurs modèles de séchoirs à cheveux. Certains se tiennent à la main, certains se posent sur une table ou sur un support, et d'autres (les plus luxueux !) sont carrément de petites cages dans lesquelles le chien entre quelques minutes avant d'en ressortir complètement séché ! Renseignez-vous dans votre centre spécialisé.

GRIFFES

Saignement

◊ Vous trouverez toujours un bon coagulant à votre pharmacie.

◊ Un crayon de glycérine aidera à coaguler le sang.

◊ Le peroxyde d'hydrogène est un bon coagulant.

◊ De la glace appliquée directement sur l'ongle réduira considérablement le saignement.

Coupe

◊ Si les griffes de votre chien font du bruit lorsqu'il marche sur une surface dure, c'est qu'elles sont trop longues ; rappelez-vous que ses griffes devraient être à la même hauteur (lorsque posées sur le sol) que le coussinet.

◊ Lorsqu'elles ont tendance à accrocher, c'est aussi signe qu'elles sont beaucoup trop longues.

◊ Il est facile de voir les vaisseaux sanguins dans une griffe pâle et facile de ne pas les entailler lorsqu'on coupe les griffes. Toutefois, si la griffe est foncée, vous trouverez sous la courbe un petit trait qui vous montrera les vaisseaux sanguins. Pour éviter les blessures, coupez sous ce trait.

◊ Vous pouvez achetez un coupe-griffes dans une animalerie ou un centre spécialisé ; et si vous ne savez pas exactement comment faire, demandez-le, on vous expliquera avec plaisir.

◊ Si vous coupez les griffes de votre chien tout de suite après lui avoir donné un bain, ce sera plus facile.

◊ Pour vous faciliter la tâche, vous pouvez mettre de l'huile pour bébés sur les griffes : elles se tailleront plus facilement.

Sèches, griffes

◊ Les chiens de maison, en particulier les plus âgés, peuvent avoir des griffes sèches et cassantes ; de la poudre de gélatine (environ un paquet pour cent livres de nourriture), sans saveur, mise dans la nourriture quotidienne fait des miracles !

OREILLES

Eau

◊ Si votre chien va régulièrement à l'eau, appliquez-lui deux gouttes d'huile minérale (ou d'huile pour bébés) deux ou trois fois par semaine. Cela contribue à éviter les infections.

◊ Pour permettre une meilleure circulation d'air dans les oreilles des chiens à oreilles longues, coupez-lui ou rasez-lui les poils les plus longs à l'intérieur des pavillons.

Enlèvement du poil des oreilles

◊ Certaines races, comme le Colley, le Bouvier des Flandres, les Caniches ou les Lhassa Apso, pour ne nommer que celles-là, ont besoin qu'on leur enlève le poil dans les oreilles, sinon le chien peut connaître des problèmes d'oreilles sérieux. Autre soin à apporter : passez un morceau de coton sur le bord des oreilles.

Nettoyage

◊ Les Cotons-Tiges dont on se sert soi-même, sont dangereux pour nettoyer les oreilles des chiens, surtout si l'on n'a pas d'expérience en la matière : non seulement ne dégageront-ils pas les saletés accumulées mais encore pourraient-ils les enfoncer plus profondément dans le canal auriculaire.

◊ Utilisez un morceau de coton humecté d'alcool : cela nettoie très bien et l'alcool s'évapore rapidement. Ou encore, achetez ces cure-oreilles faits spécialement pour les chiens : on les trouve dans les centres spécialisés et dans certaines animaleries.

◊ Les oreilles de votre chien devraient être nettoyées régulièrement ; pour ce faire, on utilisera de l'huile pour bébés ou encore de l'huile minérale. On nettoiera doucement.

PATTES

◊ Lorsque vous amenez votre chien faire des exercices dans des endroits publics, n'oubliez pas que vous l'exposez à plusieurs maladies, certaines mineures mais d'autres plus sérieuses. Pour limiter les risques, lorsque vous êtes de retour à la maison, désinfectez chaque patte avec une solution désinfectante. Il existe plusieurs bons produits à cet effet sur le marché. Renseignez-vous auprès de votre animalerie ou de votre centre spécialisé.

◊ Les vers ronds peuvent facilement être attrapés dans les endroits publics ; nettoyez bien le dessous des pattes de votre chien dans une solution faite d'eau et de sel de table pour tuer les œufs de ces vers qui peuvent avoir adhéré à ses coussinets.

Glace et neige

◊ Lorsque vous revenez d'une promenade sur la neige ou la glace, assurez-vous de bien nettoyer les pattes de votre chien lorsque vous êtes de retour à la maison ; le sel et les produits chimiques utilisés pour faire fondre la glace peuvent provoquer des infections aux coussinets des pattes. Rincez-les avec une solution faite de bicarbonate de soude.

POILS

Brossage

◊ Pour garder votre chien propre entre les bains, brossez-le fréquemment ; ça permet de garder le poil propre, de le débarrasser des poils morts, sans compter que cela stimule également la peau.

◊ Lorsque vous le brossez, n'allez pas d'une partie du corps à une autre : brossez-le section par section.

◊ Si vous avez des problèmes avec les poils fins qui se trouvent derrière les oreilles, servez-vous d'une brosse à perruque (que vous pouvez acheter dans n'importe quel grand magasin). Elle vous sera très utile pour brosser et séparer ses poils. Attention ! Ne vous en servez pas pour les autres parties du corps, parce qu'elle est généralement trop rude.

Doux, poils

◊ Les poils qui sont doux, minces et abondants ne devraient pas être sujets à des brossages vigoureux. Après le bain, surtout, essuyez doucement afin d'éviter de tirer les poils et empêcher qu'ils ne se mêlent.

◊ Si le poil de votre chien est trop doux ou trop mince, humectez sa fourrure de bière, cela rend les poils plus raides et durs.

Emmêlés, poils

◊ En premier lieu, démêlez les poils emmêlés avec vos doigts, avant de passer un peigne légèrement mouillé ; vous pouvez ajouter une goutte d'huile minérale.

◊ Certains produits, disponibles dans les animaleries et les centres spécialisés, ont pour but de démêler les poils emmêlés. Ils sont efficaces, quoiqu'un peu coûteux.

◊ Vous pouvez aussi utiliser ces ciseaux appelés taille-chien. Ce sont des ciseaux pour amincir la fourrure et couper les poils emmêlés. Coupez plusieurs fois dans la touffe de poils emmêlés, prenez un peigne et imprimez doucement un mouvement vers le bas. De cette façon les poils mêlés s'en vont sans laisser de grands espaces vides comme pourraient le faire les ciseaux ordinaires.

Goudron et peinture

◊ Le goudron et la peinture peuvent être enlevés du poil de votre chien en l'aspergeant d'huile végétale ; vous laissez cette dernière bien imprégner son poil avant de lui donner un shampooing.

◊ Attention ! N'utilisez jamais de térébenthine ou de produits dérivés du pétrole pour enlever le goudron ou la peinture. Ils peuvent causer des brûlures douloureuses.

◊ S'il y a du goudron dans le poil de votre chien à un endroit qu'il peut lécher, enlevez-le immédiatement : le goudron contient des substances toxiques.

◊ Le goudron utilisé pour les routes est douloureux s'il colle entre les coussinets ou les orteils, retirez-le délicatement avec des ciseaux.

◊ Si vous ne voulez pas lui couper les poils, appliquez de la Vaseline sur le goudron ou la peinture, puis essuyez avec une serviette. Recommencez si nécessaire.

Mue

◊ Si votre chien mue et que vous ne savez pas quoi faire, donnez-lui un bain chaud pour accélérer le processus. Cela éliminera les poils morts et encouragera la nouvelle pousse. Brossez-le avant de lui donner ce bain.

◊ Les poils qui s'amincissent ou qui muent peuvent être le résultat d'un mauvais fonctionnement de la glande thyroïde ou le signe de problèmes à l'une des glandes endocrines de votre chien. Consultez votre vétérinaire pour un examen complet .

Tonte

◊ L'été, la fourrure des chiens à poils longs devrait être trimée ou amincie : ne rasez jamais un chien à moins que cela ne s'impose, pour un traitement de la peau ou une intervention chirurgicale.

◊ Vous pouvez utiliser une bouteille remplie d'eau pour humidifier le poil avant et pendant le brossage ; le poil humide est plus souple et le peigne ou la brosse peuvent mieux glisser dans le poil ce qui évite les risques de casser les poils.

YEUX

◊ Pour enlever les taches normales sur les yeux, servez-vous d'un produit que vous achèterez à votre animalerie ou dans un centre spécialisé.

◊ Lorsque les yeux de votre chien sont irrités, à cause du vent, de la pluie ou de la poussière, voyez-y en appliquant quelques gouttes de Murrhine.

Voyages

N'oubliez jamais cette règle d'or : sur la route, ne laissez pas faire à votre chien ce que vous ne lui laisseriez pas faire à la maison !

À FAIRE... ET À NE PAS FAIRE !

À faire

◊ Avant le départ, ne donnez pas à manger à votre chien ; faites-lui faire aussi ses besoins.

◊ Essayez d'habituer votre chien à demeurer à un endroit spécifique dans la voiture. Insistez pour qu'il y reste. Cela facilitera le voyage.

◊ Apprenez à votre chien à ne pas vous déranger lorsque vous êtes assis derrière le volant. Dès son plus jeune âge, ne lui accordez pas trop d'attention lorsque vous conduisez.

◊ Habituez-le à demeurer dans la voiture même lorsque vous ouvrez les portières ; ce n'est que lorsque vous lui en donnez l'ordre qu'il devrait descendre. Les premières fois qu'il obéira, pensez à lui donner une récompense ou caressez-le pour lui faire savoir que vous êtes content de lui.

◊ Votre chien devrait avoir reçu tous ses vaccins avant de partir ; gardez son carnet de santé à portée de la main.

◊ Après avoir fait faire de l'exercice à votre chien dans un endroit où il y a d'autres chiens, il est recommandé de lui nettoyer les pattes et les coussins avec une solution désinfectante.

◊ Si votre chien n'est pas habitué de voyager, il serait sage de demander un léger tranquillisant à votre vétérinaire. Vous ne devriez toutefois vous en servir que pour les premiers jours, le temps qu'il s'habitue.

◊ Ne promenez votre chien que tenu en laisse, même s'il est bien entraîné. Un chien que l'on égare dans un environnement étranger ne trouvera pas nécessairement le chemin du retour. Et il ne vous sera pas facile, non plus, de le retrouver.

◊ Apportez une vieille valise dans laquelle vous ne placerez que des accessoires pour votre chien : collier de remplacement, plats, nourriture, ouvre-boîtes, médicaments, nerfs-de-bœuf, jouets, une grande corde (pour l'exercice) et tout ce dont vous pourriez avoir besoin. Cela vous évitera de chercher à chaque fois pour trouver quelque chose.

À ne pas faire

◊ Il ne faut absolument jamais placer un chien dans le coffre de la voiture, qu'il soit fermé ou ouvert, que le chien soit en cage ou non : il risquerait d'être empoisonné au monoxyde de carbone.

◊ N'attachez jamais la laisse du chien au volant lorsque vous le laissez seul dans la voiture ; si le chien sautait sur le siège arrière, il se retrouverait dans une fâcheuse posture.

◊ Ne laissez pas votre chien japper ou devenir incontrôlable lorsqu'il voit des chiens ou des gens : c'est dangereux et fatigant.

AVION

Arrivée

◊ Si ce n'est pas vous qui allez être présent à l'arrivée du chien, donnez à la personne qui s'y rendra toutes les informations nécessaires : la compagnie d'aviation, le numéro du vol et l'heure d'arrivée. Demandez aussi à être informé dès l'arrivée de votre chien ; parce qu'il pourrait arriver qu'on l'égare, le facteur temps est alors essentiel.

Cage

◊ La cage dans laquelle le chien voyagera devrait être solide, à l'épreuve des coups et tout juste assez grande pour qu'il puisse se tenir debout afin d'éviter que ses membres ne s'ankylosent. Idéalement, la tête devrait toucher le haut de la cage.

◊ Vous pouvez mettre sa couverture préférée dans le fond de la cage ainsi que son jouet favori.

◊ Inscrivez sur la cage, bien à la vue, votre nom, votre adresse, votre numéro de téléphone, un numéro d'urgence ainsi que la destination de votre chien. Vous pouvez également noter toutes autres instructions spéciales.

Certificat de vaccination

◊ Le certificat de vaccination sert à indiquer... les vaccins que l'animal a reçus ; à certains endroits, on exige les vaccins contre la rage et le distempter. Mais renseignez-vous sur les exigences formulées, parce qu'elles peuvent varier d'un endroit à l'autre.

Eau et nourriture

◊ La nourriture sèche est sans conteste celle qu'on recommande dans les circonstances ; placez-la dans son plat, dans un sac attaché à l'extérieur de sa cage.

◊ Le plat à eau devrait être attaché à l'intérieur de la cage. Cela évitera à ceux qui auront à s'en occuper d'avoir à ouvrir la cage pour lui en donner. Au départ, vous ne mettez pas d'eau dans le plat !

Identification

◊ Assurez-vous que votre chien porte, à son collier, tous les renseignements d'identification nécessaires.

Suggestions...

◊ Lorsque vous allez chercher votre chien à l'aéroport, assurez-vous d'avoir un collier et une laisse.

◊ Si votre chien est d'un tempérament nerveux, demandez un tranquillisant à votre vétérinaire.

◊ Ne nourrissez pas l'animal au cours des six heures précédant le départ.

◊ Assurez-vous de faire faire suffisamment d'exercice à votre chien avant et après le voyage.

◊ Si votre chien est dans une cage inconnue, laissez un morceau de tissu familier ou un jouet avec lui.

◊ Certaines compagnies aériennes offrent de meilleures conditions de voyages pour les animaux, de meilleurs tarifs aussi... et vous pouvez parfois négocier ! Renseignez-vous !

CAMPING

Parcs nationaux et forêt

◊ Dans les parcs nationaux, généralement, les chiens peuvent accompagner leurs maîtres pendant les excursions.

◊ Dans la plupart des campements situés dans les parcs nationaux et particulièrement ceux où l'on retrouve du gibier, on exigera de vous (lorsqu'on consent à accepter l'animal) que vous le gardiez dans un véhicule ou dans votre tente pendant la nuit ; le jour il devra être tenu en laisse.

Précautions

◊ Un bloc de sel, acheté dans un magasin de produits pour la ferme, placé à proximité de votre installation, empêchera les porcs-épics de trop s'approcher (et risquer de blesser votre chien). Cela aura le même effet pour les autres petits animaux sauvages pour lesquels le sel compte peu dans l'alimentation.

Terrain de camping

◊ Sur le terrain de camping, ne laissez jamais votre chien se promener seul. Par respect pour les autres comme pour sa propre protection, il est préférable de le garder en laisse.

◊ Ne laissez jamais votre chien seul dans une caravane ou une tente-caravane, sauf si vous êtes vraiment certain qu'il ne risque pas de souffrir de la chaleur.

◊ Bien sûr, ramassez toujours ses excréments.

CHALEUR

Foncés, chiens

◊ Les chiens à poils noirs ou foncés sont plus sensibles à la chaleur que les chiens aux poils clairs ; soyez plus prudent, dans les circonstances.

Nourriture

◊ Lorsqu'il fait très chaud, nourrissez votre chien légèrement. Surtout, changez fréquemment son eau afin qu'elle soit toujours fraîche.

Pare-soleil

◊ Rappelez-vous que les pare-soleil déployés à l'intérieur de la voiture ne sont pas d'une grande utilité puisque ceux-ci ne servent finalement que lorsque la chaleur a déjà pénétré à l'intérieur.

◊ Une voiture de couleur pâle restera fraîche plus longtemps qu'une autre de couleur foncée.

◊ Idéalement, si vous voyagez beaucoup avec votre chien, il serait conseillé d'acheter une voiture dont les vitres ont un côté réfléchissant.

◊ Il existe aussi des pare-soleil qu'on installe à l'extérieur de la voiture, spécialement dans le pare-brise. Ceux-ci s'avèrent efficaces.

Serviettes mouillées

◊ Lorsqu'il fait vraiment très chaud, il n'est pas mauvais de recouvrir la cage d'une serviette mouillée ; l'évaporation permettra de garder le chien plus au frais.

Tapis

◊ Dans des conditions d'extrême chaleur, on peut mouiller légèrement le tapis de la cage du chien ; cela permettra ainsi à l'humidité, en s'évaporant, de donner un peu de fraîcheur à l'animal. Il ne faudra cependant pas oublier de le remplacer par un autre tapis, sec celui-là, lorsque viendra le temps pour le chien de dormir.

Vaporisateur à eau

◊ Gardez toujours une bouteille avec un dispositif de vaporisation à portée de la main ; un petit peu d'eau vaporisée dans la bouche du chien lui enlèvera la soif pour un moment.

◊ Si vous devez obligatoirement laisser votre animal dans la voiture alors qu'il fait chaud, vaporisez de l'eau fraîche sur son poil et ajoutez quelques glaçons dans son bol d'eau pour la garder fraîche.

Voiture, en

◊ On se donne une fausse assurance lorsqu'on laisse le chien dans la voiture, en laissant fonctionner l'air climatisé. Si le moteur devait s'arrêter, pour quelque raison que ce soit, il ne faudrait guère de temps pour que celle-ci devienne une véritable fournaise.

◊ En été, une voiture stationnée sous le soleil et fermée, peut provoquer la mort de l'animal. Voyez à stationner à l'ombre et rendez-vous fréquemment à la voiture pour voir si tout est correct pour le chien.

CONSEILS PRATIQUES

◊ Une cage est la façon la plus sécuritaire de transporter votre chien dans une voiture.

◊ Rappelez-vous qu'une cage trop grande fera en sorte que votre chien aura de l'espace pour bouger, mais songez aussi qu'il pourrait se blesser plus facilement si un accident survenait.

◊ Une petite clôture, entre les sièges avant et arrière, serait aussi une solution agréable et pratique.

◊ Si vous laissez votre chien se promener librement dans la voiture lorsque vous n'y êtes pas, ne laissez jamais vos clés sur le contact. Votre chien pourrait accidentellement s'enfermer à l'intérieur.

◊ Gardez les portes de la voiture verrouillées lorsque vous en sortez, parce qu'un enfant pourrait voir le chien et ouvrir la porte pour s'amuser avec lui. Le chien pourrait alors s'enfuir et, si vous n'êtes pas dans votre voisinage, il risque fort de ne jamais retrouver son chemin.

EAU ET NOURRITURE

Eau

◊ L'eau peut provoquer des maux d'estomac et de digestion ; l'idéal est donc d'apporter un peu d'eau de chez vous, que vous mélangerez progressivement à l'eau locale : cela évitera les changements drastiques.

◊ Un réservoir de plastique rempli d'eau mis au congélateur pendant une nuit vous donnera de l'eau froide à boire, pour vous et votre chien, pendant plusieurs heures ; si vous placez le réservoir dans une glacière, il contribuera également à garder votre nourriture fraîche et froide !

◊ Un peu de lime ou de citron mélangé à l'eau « étrangère » vous aidera à prévenir les maux d'estomac et de digestion ; cela empêchera aussi le chien de trop boire.

◊ Pour avoir toujours de l'eau fraîche disponible – sans la gaspiller – vous pouvez acheter une de ces bouteilles distributrices spéciales disponibles dans les animaleries et les centres spécialisés ; elle ne verse l'eau qu'à mesure qu'elle est consommée.

Nourriture

◊ Essayez de ne pas nourrir votre chien de cinq à six heures avant le départ.

◊ Apportez avec vous le plat de votre chien. Cela lui donnera un sentiment de sécurité.

◊ La nourriture sèche ou en conserve est idéale en voyage.

◊ Lorsque vous êtes arrivé à destination, attendez de une à deux heures avant de le nourrir.

ÉTRANGER, VOYAGE À L'

◊ Si vous vous rendez à l'étranger, renseignez-vous sur les lois qui concernent les animaux domestiques : chaque pays a ses lois. Votre vétérinaire pourra peut-être vous donner des informations à ce sujet ou renseignez-vous auprès du consulat du pays où vous comptez vous rendre.

◊ La plupart des pays exigent un certificat de santé et une preuve de vaccination contre la rage.

◊ Certains pays, mais c'est plus rare, exigeront que le chien soit mis en quarantaine avant de pouvoir fouler le sol local.

ÉQUIPEMENT

Cages

◊ La meilleure façon et la plus sécuritaire pour voyager, c'est de mettre votre chien en cage (ce l'est encore plus si votre chien n'est pas trop sociable avec les humains ou les autres animaux). Cela l'empêchera de sautiller dans la voiture (et risquer de vous faire prendre le bas-côté). Il ne pourra pas non plus se sauver si la portière reste ouverte par inadvertance et on peut s'en occuper plus facilement si quelque chose doit survenir.

◊ Les cages en broches sont idéales, particulièrement si vous avez une camionnette. Vous n'avez aucun souci à vous faire pour la ventilation et elles s'installent facilement sans prendre trop de place.

◊ Les cages en fibre de verre sont préférables pour les véhicules ouverts ou les camionettes de type *pick-up* parce qu'elles offrent une protection contre le vent et la pluie.

Certificat de vaccination

◊ Avant de partir pour quelque destination que ce soit et pour vous éviter des ennuis, faites mettre à jour le carnet de vaccination de votre chien.

Chasse-moustiques

◊ N'oubliez pas que le ver du cœur est provoqué par la morsure de certains moustiques : mieux vaut donc prévenir que guérir, d'autant plus que celui-ci peut être mortel !

Corde

◊ Une corde de cinq mètres peut servir à différentes fins.

Couverture

◊ Gardez aussi avec vous une vieille couverture. Pliée, elle fait un excellent matelas pour le chien, particulièrement en voiture.

Excréments

◊ Pour ramasser les excréments de votre chien sur la voie publique ou sur les terrains de camping ou lorsque vous vous promenez avec lui, gardez sous la main une petite pelle, un bâton et un sac de plastique.

Liste

◊ Préparez une liste de l'équipement (à laquelle vous pourrez également vous référer avant chaque voyage) dont vous avez besoin lorsque vous partez en voyage et que votre chien vous accompagne. Quelques heures avant le départ, attachez cette liste soit à la cage soit à l'intérieur d'une porte ou dans n'importe quel endroit bien à la vue. Elle vous permettra d'éviter bien des problèmes en cours de route.

Médaille

◊ N'oubliez pas que votre chien doit porter sa médaille en tout temps ; à son collier, idéalement, devraient également être attachées une pièce d'identification et une liste des vaccins qu'il a reçus. Il se vend de petits tubes que l'on accroche au collier et qui permettent justement d'y mettre ces informations.

Papiers en tout genre

◊ À défaut d'essuie-tout (que vous devriez toujours avoir près de vous), les mouchoirs de papier et le papier hygiénique peuvent s'avérer fort utiles.
◊ À défaut de cela, pensez aux journaux !
◊ Apportez avec vous de grands et de petits sacs de plastique.

Puces, poudre contre les

◊ N'oubliez pas l'importance de toujours avoir avec vous de la poudre contre les puces ; cela vous évitera ainsi qu'à votre animal, de nombreux désagréments.

Rafraîchisseur d'air

◊ Il peut tout de même survenir quelques petits accidents... aussi serait-il pratique d'avoir sous la main un vaporisateur en aérosol qui vous aidera à chasser les odeurs après avoir nettoyé les dégâts.

Urgence, trousse d'

◊ Sans doute avez-vous une trousse d'urgence à la maison, mais il n'est pas mauvais d'en avoir une aussi pour le voyage. Elle sera naturellement moins importante que celle dont vous disposez à la maison. Celle-ci devrait toutefois comprendre :
◊ Du ruban adhésif ;
◊ Des pansements et de la gaze ;

◊ De la ouate et des Cotons-Tiges ;
◊ Du peroxyde ;
◊ De l'antihistaminique (que vous obtiendrez sous ordonnance) ;
◊ Du soda à pâte ;
◊ Un kit antivenimeux ;
◊ Une paire de ciseaux ;
◊ Un thermomètre.

HÔTELS ET MOTELS

◊ On pourra obtenir une liste des hôtels et motels qui acceptent les animaux de compagnie en en faisant la demande auprès du CAA (Club automobile canadien) ou de son pendant américain le AAA.
◊ Les motels accepteront plus facilement les chiens que les hôtels ; toutefois, plusieurs exigeront que l'animal soit gardé en cage.
◊ Attention ! La plupart des endroits n'accepteront pas les chiens dits jappeurs. Il faut comprendre que vous ne serez pas seul dans l'établissement.
◊ Lorsque vous sortez de la chambre, gardez votre chien dans sa cage pour éviter qu'il ne ronge les meubles ou qu'il fasse ses besoins sur le plancher.
◊ Lorsque vous laissez votre chien en cage, dans une chambre de motel, attachez une note à sa cage indiquant où l'on peut vous rejoindre en cas d'urgence.
◊ Ne lavez pas votre chien dans la salle de bains de votre hôtel ou de votre motel ; ne vous servez pas, non plus, des serviettes de l'établissement pour l'assécher. Cela tient du respect envers les autres.
◊ Si votre chien n'est pas en cage, attachez-le lorsque la femme de chambre vient nettoyer la chambre.

◊ Il est conseillé de laisser un pourboire à la femme de chambre pour vous excuser de ces petits problèmes que l'animal aurait pu causer par sa présence.

◊ Demandez aux propriétaires de l'endroit où vous pouvez faire faire de l'exercice à votre chien. Ne le laissez pas causer des dommages aux arbustes ou aux fleurs et ramassez ses excréments.

◊ Lorsque vous promenez votre chien, gardez-le en laisse.

◊ Lorsque vous partez, remerciez les personnes en charge de l'établissement pour le privilège qu'ils vous ont accordé.

MALADE, CHIEN

◊ Ne lui donnez ni eau ni nourriture, de quatre à six heures avant le départ.

◊ Il existe des pilules contre le mal de cœur que l'on peut trouver en pharmacie. Elles sont aussi efficaces pour les chiens. Demandez la dose à votre vétérinaire.

◊ On peut aussi donner au chien, quelques heures avant le départ, une demi-Gravol pour enfants.

◊ Les chiens qui sont malades en voiture le sont généralement pour des raisons psychologiques ; quelques courts voyages agréables peuvent aider à éliminer ce problème.

◊ Si votre chien a la nausée (s'il a une salivation excessive), dirigez-lui la tête vers le haut et caressez-lui la gorge afin qu'il puisse mieux avaler. Attention de ne pas afficher un air consterné ou inquiet, parce que le chien pourrait utiliser cette tactique pour attirer votre attention plus tard.

◊ Le sucre peut aussi aider à prévenir la nausée ; avant d'entreprendre un voyage, donnez-lui une cuillerée à soupe de miel.

RISQUES ET DANGERS

Étrangleur

◊ Ne laissez jamais à votre chien son étrangleur s'il est en cage ou s'il est laissé libre dans la voiture. L'étrangleur pourrait se prendre dans quelque chose et, si vous êtes absent, le chien pourrait s'étrangler s'il cherchait trop à se dégager.

Tête à l'extérieur

◊ Les chiens dont on laisse sortir la tête par la fenêtre de la voiture, risquent non seulement des blessures sérieuses mais aussi, le plus souvent, des infections aux yeux et aux oreilles.

Vers du cœur

◊ N'oubliez jamais qu'ils sont extrêmement sérieux et dangereux. Si vous voyagez dans un endroit où vous risquez d'en trouver, demandez un traitement préventif à votre vétérinaire.

Voleurs de chiens

◊ Assurez-vous, lorsque vous laissez votre chien seul dans la voiture, que les portières soient bien verrouillées. L'idéal est, bien sûr, d'avoir un système d'alarme.

◊ Lorsque cela est possible, stationnez votre voiture dans un endroit où vous pourrez la surveiller et surveiller votre chien.

◊ Évitez les autocollants qui disent que vous possédez un chien de valeur dans la voiture !

VOITURE, CONFORT ET SÉCURITÉ EN

Lit

◊ Les petits chiens peuvent voyager dans un lit de poupée, qu'on aura installé sur le siège arrière, derrière le conducteur. On pourra aussi, si on le désire, installer ce lit au niveau de la vitre pour que le chien puisse regarder dehors.

◊ Si l'on voyage avec un gros chien, il serait peut-être bon, surtout si le trajet en voiture est long, de penser à installer une planche de bois sur le siège arrière. Celle-ci pourrait aussi couvrir la partie réservée pour les jambes des passagers. Le chien pourra ainsi avoir un supplément d'espace pour se mouvoir.

Tapis

◊ On peut placer un tapis « extérieur-intérieur » dans le fond de sa cage, lorsqu'on voyage ; cela lui permet de garder pied et... il est facile à nettoyer. Un tapis de caoutchouc pour le bain aura les mêmes propriétés.

De choses et d'autres

ALLERGIES DE L'HOMME

◊ Une personne allergique aux chats ne l'est peut-être pas vis-à-vis des chiens et vice versa.

◊ Certains spécialistes affirment que les gens allergiques aux chiens ne le sont qu'à l'endroit de certaines races qui ne perdent pas leurs poils. Toutefois, la majorité des spécialistes de l'allergie affirment qu'une personne allergique à une race de chien l'est vis-à-vis de toutes les races.

AMIS, CHIENS

◊ Deux chiens ne causent pas plus de problèmes qu'un seul : ils jouent ensemble et sont beaucoup plus alertes. En se désennuyant l'un l'autre, ils vous enlèvent ainsi quelques responsabilités. Idéalement, ils devraient être de sexe opposé et approximativement du même âge et de la même grosseur ; toutefois, indépendamment de ces facteurs, en règle générale deux chiens finiront par s'entendre au bout de quelques jours, tout au plus deux ou trois semaines.

ALLAITEMENT

◊ À la chienne qui allaite, donnez chaque jour, une cuillerée à soupe de miel par 25 kilos de poids.

◊ Si la chienne semble ne pas avoir suffisamment de lait, donnez-lui quelques gorgées de bière ; généralement, cela amènera une plus grande quantité de lait. Cette petite quantité d'alcool n'affectera pas les chiots.

◊ Une chienne qui nourrit ses petits a besoin de trois ou quatre repas équilibrés par jour ; son régime alimentaire devrait comprendre une bonne qualité de nourriture pour chiens, du fromage Cottage, de la viande et des œufs cuits. Donnez-lui aussi beaucoup de liquide, notamment du lait.

ANESTHÉSIE

◊ Lorsque vous ramenez votre chien à la maison, après une opération ayant nécessité une anesthésie et si le chien n'a pas encore entièrement repris conscience, ne soyez pas inquiet s'il mordille, s'agite, a l'air ivre et sans coordination : tout cela est naturel. Il suffit de le placer dans une pièce sans éclairage violent et ne pas le nourrir durant les douze heures qui suivent.

ASSURANCE

◊ Une assurance couvre les dommages causés à un tiers par votre chien. C'est votre assurance responsabilité civile qui dédommage cette personne.

◊ Toutefois, il faut bien lire sa police d'assurance et, le cas échéant, faire préciser par écrit que le chien est bien pris en charge ou payer un supplément pour d'éventuels dégâts que pourraient faire des chiens à des particuliers.

◊ Si vous affichez une pancarte « défense d'entrer, chien méchant » cela devrait suffire pour supprimer toute responsabilité en cas de morsure d'une personne ayant pénétré chez vous sans permission, à condition que votre maison soit close. Mais pensez tout de même à une assurance.

◊ Les dommages peuvent être de différentes natures ; n'oubliez pas que vous êtes aussi responsable si votre chien fait tomber un cycliste ou si un piéton glisse sur ses excréments.

◊ Notez bien que l'assurance responsabilité civile ou multirisques ne remboursera pas les dégâts causés par votre chien, que ce soit à vous-même, à votre famille ou à vos biens.

BAVE

◊ Une salivation excessive peut être causée par la faim, les bonnes odeurs, l'excitation, mais aussi la peur ; cependant, lorsque vous faites un tel constat, il est prudent de faire vérifier la bouche de votre chien par votre vétérinaire : il pourrait avoir un problème avec une (ou plusieurs) dent(s) ou encore souffrir d'une plaie.

◊ Les plantes qui contiennent du poison peuvent aussi causer une salivation excessive.

◊ Notez que, pour certaines races de chiens, cette salivation est normale. Le Saint-Bernard, par exemple, salive de manière excessive à cause de la forme de ses lèvres ; le Bouledogue en est un autre exemple.

POURQUOI VOTRE CHIEN EST-IL SI BIZARRE ?

◊ Si votre chien vous rend fou en tournant plusieurs fois sur lui-même avant de se coucher, en reniflant tous les arbres du voisinage ou en courant après sa queue, dites-vous bien qu'il s'agit là de comportements tout à fait normaux, dont chacun possède une explication logique.

◊ Certains de ces comportements sont l'expression d'un instinct millénaire, d'autres constituent simplement des jeux, des témoignages d'affection ou une façon de communiquer.

Pourquoi les chiens lèchent-ils les gens ?

◊ Même si beaucoup ont cru et croient encore que c'est parce qu'ils sont attirés par le goût salin des mains ou une odeur d'aliment, ce ne serait, en fait, qu'un comportement social par lequel ils tendent à montrer leur affection aux personnes qu'ils aiment.

Pourquoi les chiens courent-ils après leur queue ?

◊ À moins de souffrir d'un problème de santé, de vers notamment, ou de glandes anales bloquées, ils courent après leur queue simplement pour... s'amuser ! Chez les chiots, on croit qu'il pourrait s'agir d'un moyen de développer leur système moteur. Avec l'âge, ils auraient tendance à perdre cette habitude.

Pourquoi les chiens tournent-ils plusieurs fois sur eux-mêmes avant de se coucher ?

◊ Cela relèverait de leur comportement instinctif. Autrefois, dans la nature, l'animal devait arranger sa couche pour la rendre confortable.

Même si cela lui sert peu sur le plancher de votre salon... il en a gardé le souvenir.

Pourquoi les chiens geignent-ils et sont-ils agités de soubresauts lorsqu'ils dorment ?

◊ La réponse est simple : c'est qu'ils rêvent, et que le rêve les entraîne dans la poursuite d'une quelconque proie !

Pourquoi les chiens reniflent-ils les arbres et les bornes-fontaines ?

◊ C'est qu'ils cherchent, auprès de ces objets comme de bien d'autres, des odeurs laissées par d'autres chiens qui ont marqué ces objets de leur empreinte en urinant sur eux.

Pourquoi les poils de deux chiens se hérissent-ils lorsque ceux-ci se rencontrent ?

◊ Encore une fois, il s'agit d'un comportement instinctif qui permet à l'animal de paraître plus gros et plus menaçant.

Pourquoi les chiens avalent-ils leur nourriture d'un trait ?

◊ Parce qu'ils n'ont pas besoin de mastiquer les aliments comme nous, humains ; leur estomac très acide et leur système digestif leur permet de les digérer sans problèmes. La principale source de plaisir dans l'alimentation provient non pas du goût mais bien de l'odeur des aliments.

CHALEURS ET REPRODUCTION

◊ Le plus souvent, la chienne présente deux « chaleurs », par an : une au printemps (février-mars) et l'autre en automne (août ou septembre).

◊ Si vous ne voulez pas que votre chienne donne naissance à des chiots, mais ne souhaitez pour autant la faire opérer, pensez donc à lui faire prendre des pilules anticonceptionnelles. Votre vétérinaire pourra vous en fournir.

◊ Ces chaleurs se manifestent par un gonflement de la vulve et des écoulements glaireux plus ou moins sanguinolents, suivant l'âge ou la race de la chienne.

◊ Les premières chaleurs apparaissent généralement vers l'âge de six mois chez les chiennes de petite taille et vers un an, un an et demi et même deux ans chez les chiennes de grande ou de très grande taille.

◊ La période des écoulements dure de quatre à huit jours, pendant laquelle la chienne attire les mâles mais refuse le plus souvent tout rapport sexuel.

◊ C'est entre le neuvième et le treizième jour que la chienne recherche le mâle et se fait le plus souvent féconder.

◊ Ne vous fiez à aucun produit pour décourager les mâles lors des dix derniers jours de son cycle.

◊ Certains produits par leur odeur éloignent les mâles.

◊ La durée totale des chaleurs est d'environ trois à quatre semaines ; l'attraction des mâles persiste jusqu'à la fin et les saillies suivies de mise bas ne sont pas rares en fin de chaleurs.

◊ Le comportement de la chienne pendant la période de recherche du mâle est souvent anormal : la chienne semble courir droit devant elle sans raisons. L'appétit est souvent modifié.

◊ Pour éviter les chaleurs, seule une injection d'hormones peut aider le propriétaire, pendant cinq à six mois, à ne pas connaître tous ces désagréments s'il part en vacances ou si, pour une exposition ou pour la chasse, il est obligé de mettre sa chienne en présence de mâles. Cependant, cette injection ne peut être répétée deux fois par an indéfiniment, sinon il y a des risques d'endométrite.

◊ Si malgré toutes les précautions (chenil, slip, « ceinture de chasteté ») la chienne a des rapports avec un mâle de race différente ou beaucoup plus grand qu'elle, un avortement peut être provoqué, à condition toutefois qu'il soit fait dans les vingt-quatre heures après la saillie ; sinon il s'avère fort peu efficace.

◊ La première saillie et la première mise bas sont souhaitables, mais non indispensables, qu'entre la deuxième et la cinquième année. Avant, la croissance n'est pas parfaitement terminée ; après, l'ossification du bassin est trop importante.

Saillie

◊ Avant de faire saillir la chienne, il convient de savoir que la faire reproduire n'est pas absolument nécessaire pour sa santé, même si elle a déjà présenté des lactations nerveuses ou des gestations nerveuses, une reproduction ne fera pas disparaître à coup sûr ces phénomènes.

◊ Le mâle doit être de la même race, si possible, et il doit avoir une taille à peu près égale ou légèrement supérieure à celle de la chienne, afin que les chiots ne soient pas trop gros à la naissance.

◊ Il est toujours préférable de conduire la chienne chez le mâle. Si les chiens ne veulent pas s'accoupler, il faut recommencer le ou les jours suivants.

◊ L'accouplement dure parfois trente minutes ; il ne faut jamais essayer de séparer les chiens.

◊ Même si l'accouplement a bien eu lieu, la chienne peut encore accepter un autre mâle. Dans ce cas, la race des chiots devient incertaine et l'avortement provoqué peut être la seule solution.

◊ Le fait d'avoir une portée de bâtards n'empêche jamais la chienne d'avoir, les fois suivantes, des chiots de pure race.

COLLIERS

◊ De cuir ou de tissu, le collier devrait avoir la circonférence du cou plus trois pouces.

◊ Les colliers de nylon sont vraiment solides et résistants et ne causent aucun dommage aux poils. Cependant, à l'entraînement, il y a une réponse un peu plus lente.

◊ Les colliers de cuir sont offerts dans une grande variété de formes et de poids ; certains auront des garnitures de métal. Attention à ce qu'il n'y ait pas de bouts de métal coupant.

◊ Les colliers de cuir bon marché peuvent décolorer le poil.

DENTS

Dents de lait

◊ Le chiot naît le plus souvent sans dents visibles. Elles apparaissent d'abord à la mâchoire supérieure vers l'âge de trois semaines.

◊ À six semaines les dents sont sorties des gencives (les canines et incisives sont serrées les unes contre les autres).

◊ C'est vers l'âge de deux mois, approximativement l'âge du sevrage, que les dents s'écartent. Vérifiez pour ne pas être trompé sur l'âge (ce qui est une pratique courante) surtout pour les races naines ou *toys*.

◊ Entre quatre et huit mois, les dents de lait tombent ou sont avalées par le chiot : aucune raison de vous inquiéter.

◊ Les dents adultes prennent leur place, les incisives d'abord vers quatre mois, puis les molaires apparaissent vers huit mois.

◊ Chez certains chiens de race naine (comme le Caniche, notamment), il arrive souvent qu'une ou plusieurs dents de lait persistent à côté des canines d'adulte : cela peut durer un ou deux mois et parfois plus.

◊ Pour éviter que ces canines de lait ne déforment la mâchoire, vous pouvez demander à votre vétérinaire de les lui enlever après une légère anesthésie.

Dents d'adulte

◊ À l'âge de huit mois environ, le chien possède toutes ses dents d'adulte, soit 42 :

◊ 2 incisives en forme de trèfle ou de fleur de lys ;

◊ 4 canines ou crocs ou crochets ;

◊ 26 molaires ; 2 pour la mâchoire supérieure et 14 pour la mâchoire inférieure.

Les distinguer

◊ Les précarnassières, en avant, sont minces et coupantes.

◊ Les carnassières sont les plus grosses.

◊ Les molaires sont de forme « tuberculeuse » dont les sommets sont arrondis, elle sont situées derrière les carnassières.

◊ Les dents jaunissent vers l'âge de cinq à six ans.

◊ Souvent il se dépose du tartre qu'une petite intervention peut contribuer à faire disparaître, supprimant ainsi les risques de gingivite et la mauvaise odeur de la gueule.

◊ L'usure des dents est plus rapide chez les races naines.

◊ Un défaut de dentition (dents de la mâchoire supérieure en avant ou en arrière de celles de la mâchoire inférieure) empêche l'usure régulière des dents. Cette anomalie, acceptée pour certaines races (Boxer, par exemple), est refusée lors de la confirmation dans d'autres races (comme le Berger allemand).

◊ Les dents se déchaussent et tombent chez le chien âgé.

◊ Les os à mâcher réalisés en peau naturelle contribuent au maintien en bon état des dents. Ils nettoient les dents, éliminent la formation du tartre et fortifient les gencives. Ils sont indispensables à l'hygiène dentaire et correspondent à l'instinct de mastication ; de plus, ils sont digestibles.

◊ En plus des os à mâcher en peau naturelle, il existe des jouets en caoutchouc sur lesquels le chien se fera les dents et fortifiera sa mâchoire.

◊ Les divers jouets que vous pouvez donner à votre chien ne doivent pas être trop durs afin d'éviter la cassure d'une dent adulte qui ne repoussera pas, ni trop petits pour qu'ils ne soient pas avalés, créant ainsi une occlusion.

FROID

◊ Certains petits chiens tremblent souvent sans avoir froid pour autant.

GARDIEN DE CHIEN, PROBLÈMES DE

◊ Laissez toujours à votre chien, lorsque vous le faites garder par quelqu'un ou lorsque vous le placez en pension pour quelques jours ou quelques semaines, des objets empreints de votre odeur : ce peut être une couverture, un tapis ou un ours en peluche avec lequel il joue.

GESTATION ET ACCOUCHEMENT

Gestation

◊ Suivant les races, elle dure de 58 à 65 jours. Pendant cette période, les besoins alimentaires de la chienne sont sensiblement augmentés. Il faut cependant restreindre l'alimentation durant les quinze derniers jours pour éviter l'obésité de la mère et des chiots, ce qui compliquerait l'accouchement.

◊ À partir du trentième jour, il faut habituer la mère à aller dans son coin. Ce coin consistera généralement en une caisse à bords pas trop élevés et assez vaste pour que la mère et sa portée s'y trouvent bien.

◊ Ce n'est qu'à la fin de la gestation que l'on peut sentir les fœtus en palpant le ventre de la chienne.

Accouchement

◊ 36 heures avant l'accouchement, la température rectale de la chienne passe de 38,5 °C à 37 °C pour redevenir normale à la mise bas.

◊ 24 heures environ avant la sortie du premier chiot, la chienne devient nerveuse, prépare son coin, gronde et refuse de boire et de manger ou, au contraire, dévore.

◊ De petites contractions peuvent être remarquées ; elles participent à la dilatation du col.

◊ Lorsque le col est bien ouvert, des écoulements glaireux puis verdâtres apparaissent. C'est alors, et alors seulement, qu'il convient de s'inquiéter si aucun chiot n'arrive.

◊ Les chiots sortent environ à toutes les trente minutes, mais chez les chiennes qui ont déjà eu plusieurs portées, ces délais sont souvent raccourcis. Il n'est pas rare, surtout chez les jeunes chiennes, que le dernier chiot ne sorte que douze ou même vingt-quatre heures après le premier.

◊ Il faut laisser la chienne tranquille. Elle se charge de nettoyer ses petits et mange les enveloppes, ce qui lui procure des hormones nécessaires à la fin de l'accouchement et à sa lactation. Ces enveloppes sont souvent rattachées aux chiots par le cordon ombilical que la mère coupe dès leur sortie.

◊ Les petits naissent les yeux fermés, ils ne les ouvriront qu'au bout de deux semaines. Très rapidement ils chercheront à téter. Ne les empêchez pas de se nourrir en les prenant trop souvent dans vos mains.

◊ Une bonne mère peut facilement nourrir six et même huit chiots.

Soins après la naissance

◊ La mère doit être très bien nourrie.

◊ Malgré son envie de ne s'occuper que de ses chiots, deux ou trois promenades doivent journellement lui être imposées.

◊ Des écoulements au niveau de la vulve, noirs ou verdâtres les cinq premiers jours, puis rougeâtres ou jaunâtres pendant les trois semaines qui suivent la mise bas, sont normaux.

◊ Seule la présence de liquides purulents, accompagnés de fièvre avec perte d'appétit et soif intense, doit vite vous décider à consulter le vétérinaire.

◊ La chienne présente souvent, après avoir mangé les enveloppes, une diarrhée noirâtre et une perte d'appétit pendant les premières vingt-quatre heures. Ce n'est pas grave.

◊ Si un chiot pleure, c'est qu'il a faim ou qu'il est malade ou mal formé. Si tous les chiots pleurent, c'est que la mère n'a pas assez de lait, ce qui est fréquent lors de la première portée ou chez les chiennes plus âgées ou chez les chiennes malades ou sous-alimentées. Dans tous les cas, c'est le vétérinaire qui décidera ce qu'il faut faire.

◊ Si une des mamelles enfle et devient douloureuse, il y a peut-être mammite.

◊ La chienne qui allaite peut parfois présenter des tremblements, trébucher, se raidir : il s'agit alors d'une éclampsie ou « tétanie » qui doit vous conduire à contacter d'urgence votre vétérinaire.

GESTATION NERVEUSE, LACTATION NERVEUSE, TUMEUR MAMMAIRE

◊ Certaines chiennes, sans avoir eu aucun rapport avec un mâle, peuvent présenter des signes de gestation (augmentation du volume de l'abdomen, appétit accru) ou de mise bas à la date normale d'un réel accouchement (60 jours environ après les chaleurs), en préparant leur nid, étant agressives, prenant souvent un jouet d'enfant dans le nid qu'elles gardent jalousement comme s'il s'agissait d'un chiot. C'est une fausse gestation.

◊ La suppression du jouet, les promenades divertissantes et fréquentes permettent le plus souvent, de mettre fin à ce phénomène dû à un déséquilibre hormonal passager, sinon les injections d'hormones rétablissent l'équilibre.

◊ Il est normal que les chiennes n'ayant eu aucun rapport avec le mâle présentent parfois, de 50 à

60 jours après les chaleurs, un gonflement des mamelles avec sécrétion de lait.

◊ Les lactations nerveuses, facilement arrêtées par l'intervention du vétérinaire, doivent être soignées énergiquement et rapidement car elles favorisent, avec le temps, l'apparition de tumeurs mammaires qui ne sont pas toutes curables, même par la chirurgie.

LANGAGE CORPOREL DU CHIEN

Il veut jouer

◊ Lorsque la queue branle et est gardée haute ;
◊ Lorsque les pattes de derrière ont l'air plus hautes que les épaules ;
◊ Lorsque ses oreilles pointent vers l'avant ;
◊ Lorsqu'il semble alerte et jappe amicalement.

Il est en « amour »

◊ Lorsqu'il lèche avec la langue bien droite.

Il est soumis

◊ Lorsqu'il évite de vous regarder dans les yeux ;
◊ Lorsque les oreilles pendent le long de sa tête ;
◊ Lorsque la queue bouge lentement ;
◊ Certains chiens se coucheront sur le dos ;
◊ D'autres ramperont sur l'estomac ;
◊ D'autres encore urineront.

Votre présence le dérange

◊ Lorsque ses oreilles sont à plat sur sa tête ;
◊ Lorsque le poids semble reposer sur les pattes de derrière ;
◊ À ce moment, mieux vaut prendre garde car il pourrait attaquer s'il était approché de trop près.

Il est prêt à attaquer

◊ Lorsque ses oreilles sont dressées vers l'avant ;

◊ Lorsqu'il vous fixe directement dans les yeux ;

◊ Lorsque ses babines sont retroussées ;

◊ Lorsque sa langue pointe vers le nez ;

◊ Lorsqu'il grogne et jappe ;

◊ Lorsque sa queue est droite ou bouge doucement alors que sa tête est bien dressée.

LOI, LES CHIENS ET LA

◊ D'une ville, d'une province ou d'un pays à un autre, la loi change en ce qui concerne votre responsabilité, vos devoirs et vos droits en tant que propriétaire de chien. Si vous ne pouvez répondre aux questions qui suivent, renseignez-vous :

◊ Est-ce que votre chien doit posséder une licence ?

◊ Votre chien doit-il être tenu en laisse ?

◊ Combien pouvez-vous posséder de chiens ?

◊ Existe-t-il une loi contre les chiens qui aboient excessivement ?

◊ Quelle est votre responsabilité si votre chien détruit la propriété d'autrui ?

◊ Est-ce illégal – c'est-à-dire risquez-vous une amende – si votre chien se soulage sur le trottoir ou dans un endroit public ?

◊ Si vous blessez un chien avec votre voiture, quelle est votre responsabilité ?

◊ Quelle est la procédure légale à suivre si votre chien mord quelqu'un ?

◊ Êtes-vous légalement responsable si votre chien cause un accident de voiture ?

◊ Ce ne sont là que quelques questions auxquelles vous devriez pouvoir répondre. Si tel n'était pas le cas, renseignez-vous au bureau de la Société protectrice des animaux le plus près de chez vous.

MOUCHES, CONTRÔLE DES

◊ Un collant attrape-mouches dans la niche est sécuritaire et c'est une manière efficace de réduire la population de mouches.

NOUVEAU-NÉS, IDENTIFICATION DES

◊ Pour reconnaître les jeunes chiots, identifiez-les avec des rubans (minces) de couleurs différentes que vous leur nouerez autour du cou.

◊ Vous pouvez aussi les identifier en leur faisant des marques distinctives sur la peau avec du mercurochrome. Il durera suffisamment de temps pour que vous puissiez ensuite les reconnaître.

OPÉRATION, LA GRANDE

◊ La « grande opération » est une forme de contrôle des naissances par laquelle on enlève les ovaires de la chienne.

◊ Il y a deux désavantages principaux à cette opération : la femelle n'est plus éligible aux compétitions dans les concours de conformation de chiens du Club canin canadien – quoiqu'elle puisse compétitionner dans les épreuves d'obéissance. L'autre inconvénient majeur est qu'elle ne pourra évidemment plus avoir de chiots.

◊ Les avantages sont très nombreux, et les plus importants sont : plus de saignements lors des périodes de chaleur ; les mâles ne viennent plus rôder autour de votre maison ; plus de naissances de chiots non désirés... Ditez-vous bien que chaque année naissent des dizaines de milliers de chiots non désirés.

POILS, ANALYSE DES

◊ L'analyse des poils est assez récente dans le domaine médical mais elle est de plus en plus utilisée par les vétérinaires ; une telle analyse peut montrer s'il existe certains débalancements au niveau des minéraux. Cela peut aussi indiquer s'il y a présence de matière toxique, ce qui pourrait alors être corrigé par la médecine préventive et la nutrition.

POILS, ENLEVER LES

◊ Pour enlever les poils vous pouvez acheter une paire de gants de caoutchouc ; vous les mouillez légèrement et vous les passez sur vos vêtements : les poils y colleront.

◊ Mouillez légèrement une éponge pour nettoyer les accessoires de toilette. Cela fonctionne aussi pour enlever les poils sur les divans et autres meubles.

◊ Un papier collant enroulé autour de votre main vous permettra d'enlever les poils sur n'importe quel matériel.

POILS, RECYCLAGE DES

◊ Les poils que perd votre chien, lorsque vous faites sa toilette, peuvent encore... servir ! Eh oui, vous pouvez les épandre autour des arbustes auxquels ils profiteront grâce aux protéines qu'ils contiennent.

◊ Après avoir brossé votre chien à poils longs, ne jetez pas les poils : ramassez-les et conservez-les. Lorsque vous jugerez que vous en avez suffisamment, confiez-les à un tisserand qui pourra vous confectionner un... foulard ou des gants !

PORTES

◊ Il peut être lassant d'avoir à ouvrir et fermer la porte sans arrêt pour laisser sortir et entrer le chien ; donc, pour ceux qui ont un espace clôturé, il est possible d'installer, dans une porte de la maison, un panneau spécialement conçu pour que votre chien puisse entrer et sortir à volonté sans que vous n'ayez à vous déranger. Renseignez-vous dans un centre spécialisé.

POUDRE À PÂTE

◊ La poudre à pâte est excellente pour rafraîchir et nettoyer la niche.

◊ C'est aussi le produit idéal lorsque vous voulez éliminer les odeurs. Sur les divans, par exemple, vous en saupoudrez avant de laisser reposer une heure. Passez ensuite l'aspirateur.

ROBE

◊ Chaque race a un type de robe bien défini, dont la couleur peut varier avec l'âge mais surtout en fonction de l'hérédité. Par exemple, deux Caniches blancs peuvent donner naissance à un Caniche gris.

◊ Certains chiens sont nus (Xolos mexicains), d'autres sont à poils ras (Bull terrier), d'autres sont à poils mi-longs (Berger allemand), d'autres sont à poils frisés ou même cordés (Caniche), d'autres sont à poils durs (Griffon).

◊ Un chien à poils longs doit être brossé tous les jours et peigné correctement une fois par semaine.

SELLES

◊ Si votre chien a l'air malade, regardez ses selles et consultez votre vétérinaire. La description que vous en ferez est importante pour le diagnostic.

◊ Les selles devraient être fermes et non pas liquides.

◊ Du sang dans les selles peut dépendre d'une irritation provoquée par un corps étranger coincé dans les intestins ou par de la nourriture inappropriée. Si cela devait persister, consultez votre vétérinaire.

◊ Des selles sombres ou noirâtres indiquent du sang dans les petits intestins et peut être sérieux.

◊ Des selles blanches ou légèrement foncées sont signes d'un problème du pancréas.

◊ Des selles grises indiquent que le foie ne sécrète pas suffisamment de bile.

◊ Des selles dures, de formes rondes, indiquent une constipation qui peut être causée par une mauvaise nourriture ; mais ce peut aussi être l'indication que votre chien a mangé des os, qu'il manque d'exercice ou un accroissement de la prostate. Si ce problème n'est pas corrigé il peut mener à une péritonite.

SAVOIR-VIVRE DU BON PROPRIÉTAIRE

◊ Gardez votre chien sur votre propriété.

◊ Corrigez le chien qui jappe inutilement.

◊ Ne construisez pas sa niche trop près de la propriété des voisins.

◊ Ramassez toujours ses selles.

◊ Ne laissez pas votre chien sauter sur les visiteurs.

◊ Si votre chien est malade, évitez-lui la fréquentation des autres animaux.

SEVRAGE

◊ Le chiot avec sa mère est généralement sevré par celle-ci qui vomit une partie de son repas ; cette nourriture prédigérée habitue progressivement les chiots à choisir le même menu que leur mère.

◊ Si pour une raison quelconque le sevrage naturel ne peut être obtenu, il faut habituer les chiots à manger des bouillies contenant un peu de viande hachée ou tout simplement leur donner des petits pots pour bébés.

◊ Lorsque la mère n'a pas de lait ou que le chiot en est séparé trop tôt, il faut le nourrir à l'aide de laits spéciaux que l'on trouve dans les centres spécialisés ou chez le vétérinaire jusqu'à l'âge de cinq ou six semaines.

SOINS À L'HÔPITAL OU À LA MAISON

◊ À moins que votre chien ne soit blessé sérieusement et qu'il doive être gardé chez le vétérinaire, il est toujours préférable de le soigner à la maison parce que la présence des siens favorisera pour son rétablissement.

VÉTÉRINAIRE, VISITES CHEZ LE

◊ Prenez toujours un rendez-vous.

◊ S'il y a une urgence, quelqu'un peut téléphoner pendant que vous vous y rendez. La personne qui téléphonera pourra expliquer la nature du problème.

◊ Dressez une liste des questions que vous avez à poser à votre vétérinaire.

◊ Un chien devrait toujours être tenu en laisse lors de ces visites.

◊ Asseyez-vous le plus loin possible des autres chiens.

◊ Gardez votre chien couché à vos pieds.

◊ Découragez les enfants de caresser votre chien.

◊ Une récompense donnée à votre chien, avant et après la visite chez le vétérinaire, pourra diminuer sa crainte de s'y rendre.

Troisième partie

SAVOIR AIMER

Le Chien âgé

Mon chien, âgé ? Allons donc ! Pourtant, comme chacun de nous, le chien vieillit – et plus rapidement que nous, d'ailleurs. Mais avant de reconnaître ou d'admettre que notre chien puisse effectivement être considéré comme un chien âgé... on voudra des preuves. Eh bien ! si votre chien souffre de quelques-uns des problèmes énumérés ci-après, c'est que – oui – c'est un chien âgé :

◊ La cataracte,
◊ La toux chronique,
◊ Le poil devient mince et mat,
◊ Il est plus ou moins sourd,
◊ Il devient aigri,
◊ Il perd ses dents à cause du tartre,
◊ Il souffre d'incontinence urinaire,
◊ Il souffre d'obésité,
◊ Il souffre d'une paralysie partielle,
◊ Il ne dort plus,
◊ Il n'a plus les membres aussi souples,
◊ Certaines tumeurs se forment,
◊ Il a des verrues,
◊ Il a les yeux mouillés.

ABC DES SOINS À LUI DONNER

◊ Évitez de lui faire faire trop d'exercice,
◊ Évitez-lui les courants d'air,
◊ Aidez-le à monter les escaliers, dans vos bras si nécessaire,
◊ Nettoyez-lui les oreilles régulièrement,

◊ Évitez-lui, du mieux possible, le stress,

◊ Établissez-lui une routine,

◊ S'il souffre de problèmes de vision, gardez-le en laisse,

◊ Attention aux parasites,

◊ Lavez-lui les dents,

◊ Faites-lui des massages sur ses membres raides,

◊ Donnez-lui une literie plus douce et plus chaude,

◊ Asséchez-le bien lorsqu'il rentre d'une promenade et qu'il est mouillé.

ÂGE DE L'HOMME ET DES CHIENS : TABLEAU COMPARATIF

Âge du chien	Âge de l'homme
1	15
2	24
3	28
4	32
5	36
6	40
7	44
8	48
9	52
10	56
11	60
12	64
13	68
14	72
15	76
16	80

ARTHRITE

◊ L'inflammation des jointures est si douloureuse pour le chien que, généralement, il se refusera à bouger ; mais l'exercice est bon pour ses pattes et s'il n'en fait pas, ces membres deviendront plus raides et plus douloureux encore. Ces exercices devraient être moins exigeants (ou moins fatigants) et d'une durée moins longue.

◊ Croyez-le ou non, il existe des lits d'eau pour les chiens et ils sont très utiles pour ceux qui souffrent notamment d'arthrite ou de rhumatismes : ils sont anti-allergiques et faciles à nettoyer. Renseignez-vous à votre animalerie ou à votre centre spécialisé.

CÉCITÉ

◊ Lorsque la vue d'un chien diminue, il ne devient pas handicapé pour autant puisque ses autres sens deviennent plus aiguisés.

◊ Gardez toujours ses plats d'eau et de nourriture au même endroit.

◊ Ne laissez jamais votre chien seul à l'extérieur.

◊ Faites-lui faire de l'exercice en le tenant en laisse.

◊ Jouez avec lui et parlez-lui fréquemment, cela lui donnera un sentiment de sécurité.

DENTS

◊ Détartrez-lui les dents, cela aidera à prévenir les maladies.

◊ Faites-lui enlever les dents malades.

◊ Brossez-lui les dents avec une solution de soda et de sel (il existe d'ailleurs des brosses à dents spéciales pour toutou !)

◊ Donnez-lui des os ou des biscuits pour chiens. Ils aident à enlever les taches et le tartre.

EXERCICES

◊ Les exercices pour les chiens plus âgés devraient être moins exigeants physiquement, mais aussi de durée moins longue.

GRIFFES

◊ Taillez-lui les griffes régulièrement : gardez à l'esprit qu'à cause de son âge il fait moins d'exercice et n'use donc plus ses griffes aussi rapidement.

MORT NATURELLE

◊ Une vie de chien est vraiment... trop courte. Alors, à moins qu'il ne souffre beaucoup, consacrez-lui le plus de temps possible et laissez-le mourir de mort naturelle. Il vous a donné beaucoup de bon temps... Ce sera votre façon de le remercier pour tout l'amour et l'attachement qu'il vous a démontrés au fil des ans.

◊ Plus vite vous aurez un nouveau chiot après la mort de votre vieux compagnon, mieux ce sera ; cela ne signifie pas que vous ne teniez pas à votre vieil ami, au contraire, cela montre qu'il vous a tellement tenu à cœur et tellement charmé que vous ne pouviez vous passer de cet ami à quatre pattes.

NUTRITION ET DIÈTE

◊ Puisque les chiens âgés font moins d'exercice, ils devraient aussi consommer moins de calories.

◊ Certains régimes alimentaires peuvent être nécessaires pour les chiens qui ont des problèmes de cœur ou de reins. Parlez-en avec votre vétérinaire ; il saura vous conseiller, surtout si vous fréquentez le même depuis des années.

◊ Si vous avez utilisé une bonne nourriture, continuez à le faire mais diminuez la quantité d'environ 20 % ; vous pouvez toutefois ajouter à sa nourriture certains suppléments minéraux et vitaminiques. Mais, encore une fois, c'est votre vétérinaire qui saura le mieux vous conseiller.

◊ Réduisez la quantité de féculents que vous donniez à votre chien ; il n'est pas question de les éliminer complètement, mais donnez-lui simplement de bonnes portions de carottes, de fèves vertes et d'autres légumes.

◊ Notez que le veau est particulièrement bon pour les chiens âgés, comme d'ailleurs pour ceux qui souffrent de problèmes de reins.

◊ Donnez-lui sa ration de nourriture en deux fois, la moitié le matin et l'autre moitié le soir.

◊ Si ses dents sont mauvaises, facilitez-lui l'ingestion en lui humectant sa nourriture avec de l'eau chaude. (Voir « Régimes particuliers » au chapitre « Alimentation ».)

OREILLES

◊ Si votre chien branle de la tête et se gratte inlassablement l'oreille, cela peut indiquer qu'il souffre d'une infection à une oreille ou aux deux. Voyez votre vétérinaire.

◊ Nettoyez-lui régulièrement les oreilles avec quelques gouttes d'huile minérale, puis massez-les et essuyez l'excès d'huile avec un coton.

SOIF

◊ Les chiens âgés boiront plus qu'un chien plus jeune, mais si vous jugez sa consommation excessive, dites-le à votre vétérinaire car cela peut indiquer des troubles plus importants.

STRESS

◊ Servez-lui ses repas toujours aux mêmes heures et au même endroit.

◊ Faites-lui faire de l'exercice à des heures régulières.

◊ Évitez-lui les situations qui pourraient générer du stress, comme de trop longs contacts avec des chiots, des enfants énervés, des bruits de pétarade, etc.

◊ Ne donnez jamais à un nouveau chien plus d'attention que vous n'en donnez à votre autre chien, plus âgé.

SURDITÉ

◊ Les chiens âgés qui deviennent sourds peuvent, jusqu'à un certain point, entendre par vibrations.

◊ Une mauvaise ouïe peut souvent être améliorée par un traitement approprié ; les mites d'oreilles, l'accumulation de cire dans les oreilles, les corps étrangers même, peuvent être à l'origine de la perte de l'ouïe, mais aussi de douleurs.

◊ La communication se fera plus facilement entre votre chien âgé et sourd, si vous lui avez appris quelques signaux manuels, en quelque sorte des équivalents pour les mots viens, assis, reste, etc. avant qu'il ne devienne sourd.

◊ N'oubliez pas : sauf de très rares exceptions, la vieillesse chez le chien provoque une perte de l'ouïe et parfois même la surdité.

TEMPÉRATURE, SENSIBILITÉ À LA

◊ Les vieux chiens sont sensibles aux températures extrêmes ; ils peuvent geler ou avoir trop chaud facilement et rapidement.

◊ S'il fait très chaud à l'extérieur, gardez votre chien à l'intérieur et le plus au frais possible ; nourrissez-le légèrement et frottez-le fréquemment avec une éponge mouillée.

◊ Lorsque la température est très froide, asséchez-le complètement, surtout s'il revient d'une balade dans la neige ou sous la pluie. Pensez-y : un petit chandail peut être très pratique pour certains chiens.

TOILETTE

◊ La peau des chiens âgés est plus sèche ; espacez ses bains et remplacez-les par des séances régulières de brossage.

URINE, ÉCOULEMENT D'

◊ Les chiennes âgées peuvent laisser échapper des gouttes d'urine. Ce n'est pas un problème sérieux, à moins que la chienne ne souffre d'une infection urinaire : généralement, ce problème pourra être contrôlé par des tablettes d'hormones. Cependant, si la chienne présente les symptômes d'une infection, il y a lieu de consulter votre vétérinaire.

YEUX

◊ Il peut y avoir des écoulements et des larmes dans ses yeux ; baignez-les-lui dans de l'eau et une solution d'herbes. Vous pouvez aussi trouver des préparations déjà prêtes dans les animaleries et les centres spécialisés.

◊ Attention aussi aux cataractes : c'est un genre d'obscurcissement qui se forme sur une partie ou sur toute la surface de la cornée... une opération peut être faite par un vétérinaire. Notez cependant que ces interventions ne guérissent pas à 100 %

votre chien... Il n'empêche qu'il recouvrera une partie de sa vue.

Quatrième partie

SAVOIR ET RETENIR !

(Annexes)

◊ (Bichons frisés, Bichons maltais, Carlins, Chihua-huas, Épagneuls papillons, Schipperkes, Shih Tzus seulement.)

Verband Deutscher Kleinhundezuchter e.V.
Leuschnerstrasse 82
35 Kassel Allemagne

◊ (Terre-Neuve seulement.)

Deutscher Neufundlander-Klub e.V.
Brungerstrasse 19
5253 Lindlar/Bez. Koln
Allemagne

◊ (Caniches seulement.)

Deutscher Pudel-Klub e.V.
2371 Schulp Rendsburg
Parkstrasse 3
Allemagne

◊ (Rottweilers seulement.)

Allgemeiner Deutscher Rottweiler-Klub e.V.
Rintelner Strasse 385
4952 Porta Westfalica 4
Allemagne

◊ (Terrier Airedale, Terrier australien, Terrier bed-lington, Terrier blanc du West Highland, Terrier Border, Terrier Cairn, Terrier Dandie Dinmont, Terrier écossais, Terrier gallois, Terrier irlandais, Terrier Kerry Blue, Terrier Lakeland, Terrier Sealyham, Terrier Skye, Terrier tibétain, Terrier de Boston, Terrier de Manchester, Terrier du Yorkshire seulement.)

Klub fur Terrier e. V.
6092 Kelsterbach/Main
Postfach 11 46
Allemagne

Angleterre :

◊ The Kennel Club
1 Clarges Street
Piccadilly / London W1Y 8AB
Angleterre

Antilles :

◊ The Trinidad & Tobago Kennel Club
P.O. Box 737
Port of Spain
Trinidad

Australie :

◊ Australian National Kennel Council
Royal Show Grounds
Ascot Vale
Victoria, Australie 3032

◊ Canberra Kennel Association
Box 132, P.O.
Manuka, A.C.T., 2603

◊ Canine Association of Western Australia (Inc.)
P.O. Box 135
Claremont, W.A., 6010

◊ Canine Control Council (Qld.)
Exhibition Grounds
Fortitude Valley, Queensland, 4006

◊ Kennel Control Council
Royal Showgrounds
Epsom Road
Ascot Vale, Victoria 3032

◊ North Australian Canine Association
Box 4521, P.O.
Darwin, N.T., 5794

◊ South Australian Canine Association
Showgrounds, Wayville
South Australia, 5034

Autriche :

◊ Osterreichischer Kynologenverband
A-1070 Vienna
Karl Schweighoger-Gass 3 (Postfach 387)
Autriche

Barbade :

◊ Barbados Kennel Club
« Shalom » Greenidge Drive
St. James, Barbade, W1

Belgique :

◊ Société royale Saint-Hubert
Avenue de l'armée 25
B-1040, Bruxelles, Belgique

Birmanie :

◊ Burma Kennel Club
Room No. 10
342 Maha Bandoola St.
Rangoon, Birmanie

Colombie :

◊ Association Club Canino Colombiano
Calle 70 No. 4-60
30 Piso, Bogota, D.E., Colombie

Danemark :

◊ Dansk Kennel Klub
Parkvej 1
Jersie Strand
2680 Solrod Strand, Danemark

Espagne :

◊ Real Sociedad Central de Formento de Las Razas
Los Madrazo 20
Madrid, Espagne

États-Unis :

◊ The American Kennel Club
51 Madison Avenue
New York 10010

Finlande :

◊ Finska Kennelklubben r.y.
Boulevardi 14
00120 Helsinki 12, Finlande

France :

◊ Société centrale canine
215, rue St-Denis
75083 Paris Cedex 02, France

Hollande :

◊ Raad Van Beheer op Kynologisch
Gebied in Nederland
Emmalaan 16
Amsterdam-Zuid, Pays Bas

Hong Kong :

◊ Hong Kong Kennel Club
3rd Floor, 28B Stanley St.
Hong Kong

Hongrie :

◊ Magyar Ebtenyesztok Orszagos
Egyesulete Budapest
Kozp : 1114 Bp. Fadrusz U. 11/a
Hongrie

Inde :

◊ The Kennel Club of India
Coonoor-1
Dist : Nilgiris, S. Inde

Irlande :

◊ Irish Kennel Club
Fottrell House
23 Earlsfort Terrace
Dublin 2, Irlande

Italie :

◊ Ente Nazionale Della Cinofilia Italiana
Viale Premuda 21
20120 Milan, Italie

Jamaïque :

◊ The Jamaica Kennel Club Ltd.
117 Old Hope Road
Kingston 6, Jamaïque

Malaisie :

◊ Malayan Kennel Association
P.O. Box 559
Kuala Lumpur, Malaisie

Malte :

◊ Malta Kennel Association
12 Our Saviour St.
Sliema, Malte GC

Monaco :

◊ Société canine de Monaco
Palais des Congrès
Avenue d'Ostende
Monte Carlo

Norvège :

◊ Norsk Kennel Klub
Postboks 6598 – Rodelokka
Teglverksgt, 8
Oslo, 5, Norvège

Nouvelle-Zélande :

◊ The New Zealand Kennel Club
Private Bag
Porirua, Nouvelle-Zélande

Pakistan :

◊ The Kennel Club of Pakistan
Fortress Stadium
Lahore, Pakistan Occidental

Portugal :

◊ Cluba Portgese de Canicultura
Praca D. Joao da Camara 4-3
Lisbone 2, Portugal

Singapour :

◊ The Singapour Kennel Club
Suite 1102, 11th Floor
Bukit Timah Shopping Centre
170 Upper Bukit Timah Road
Singapour 2158

Suède :

◊ Svenska Kennelklubben
Box 1308, 111 83 Stockholm,
Suède

Venezuela :

◊ Federacion Carina De Venezuela
Apartade 88665, Caracas 1080-A
Venezuela

Des informations

◊ Mon vétérinaire :
Son adresse :
Son numéro de téléphone :

◊ Ma clinique d'urgence :
Son adresse :
Son numéro de téléphone :

◊ Ma société protectrice des animaux :
Son adresse :
Son numéro de téléphone :

◊ Mon ami / voisin / gardien (pour mon chien) :
Son adresse :
Son numéro de téléphone :

◊ Mon animalerie :
Son adresse :
Son numéro de téléphone :

Son carnet de santé

IDENTIFICATION

◊ Son nom :

◊ Sa date de naissance :

◊ Sa race :

◊ Ses marques distinctives :

EXAMEN FÉCAL / VERMIFUGE

◊ Date :

◊ Résultats :

VERS DU CŒUR :

◊ Année	pos. / nég.	traitement / prévention

RENDEZ-VOUS :

◊ Date :

◊ Date :

◊ Date :

FICHE MÉDICALE : _____

_____

_____

_____

REGISTRE DE VACCINATION

ÂGE	DATE	RAGE	DISTEMPER-ROUGEOLE	ADÉNO-FLU (A2P)	PARVOVIRUS	CORONAVIRUS	LEPTOPIROSE
sem.							
sem.							
sem.							
sem.							
sem.							
sem.							
1 an							
2 ans							
3 ans							
4 ans							
5 ans							
6 ans							
7 ans							
8 ans							
9 ans							
10 ans							
11 ans							
12 ans							
13 ans							
14 ans							
15 ans							

Notes enregistrées
à la maison

	a.m. / p.m.	soir / nuit
◊ Nourriture : (quantité et sorte)		
◊ Médication (sorte) :		
◊ Médication : (fréquence)		
◊ Selles :		
◊ Température :		
◊ Urine :		
◊ Vomissements :		
◊ Eau (quantité) :		
◊ Signes inhabituels :		

Instructions à l'intention du gardien de mon chien

◊ Les exercices à lui faire faire :

◊ La nourriture à lui donner et à quelle heure :

◊ Les médicaments à lui donner :

◊ Les numéros de téléphone à garder à la portée de la main :

◊ Où on peut me joindre :

◊ Un ami / un voisin :

◊ Le vétérinaire :

◊ Les instructions particulières:

Où s'adresser
en cas d'urgence

Dans les situations d'urgence nous nous demandons souvent à quel endroit nous adresser, particulièrement si nous ne sommes pas chez nous (à proximité de notre vétérinaire), c'est-à-dire si nous sommes chez des amis ou en vacances ; ou, encore, si la situation survient au milieu de la nuit et que notre vétérinaire n'offre pas le service d'urgence.

◊ Si une telle situation se présente aux heures normales d'ouverture des bureaux, vous pourrez vous adresser à :

◊ L'Académie de médecine vétérinaire du Québec au (514) 444-7317 ;

◊ La Corporation professionnelle des médecins vétérinaires du Québec au (514) 774-1427 ;

◊ La Société protectrice des animaux au (514)735-2711 ou (418) 527-9104, ou à l'un de leurs bureaux régionaux.

◊ À ces différents endroits on pourra généralement vous référer à un ou à des médecins-vétérinaires qui pourront résoudre votre problème.

◊ Mais voici également, pour les grands centres urbains du Québec, quelques numéros de téléphone d'hôpitaux ou de cliniques vétérinaires qui offrent des services d'urgence, c'est-à-dire 24 heures par jour. Notez que certains offrent également un service à domicile.

Montréal et les environs

◊ Clinique vétérinaire Ambul-urgence
(514) 942-1515

◊ Clinique vétérinaire mobile
(514) 389-1462

◊ Clinique vétérinaire de la Côte-des-Neiges
pour chiens et chats
4920, chemin de la Côte-des-Neiges, Montréal
(514) 737-6699

◊ Animomédic Bélanger
2234, rue Bélanger Est, Montréal
(514) 725-7683

◊ Animomédic du Plateau Mont-Royal
4000, rue de Lorimier, Montréal
(514) 521-1678

◊ Clinique vétérinaire Anjou :
6061, rue Louis-H.-Lafontaine, Montréal
(514) 352-5450

◊ Clinique vétérinaire Décarie
4180, boulevard Décarie, Montréal
(514) 484-3233

◊ Clinique vétérinaire du Lac St-Louis
55, 45ᵉ Avenue, Lachine
(514) 634-7021

◊ Hôpital vétérinaire Bellerive
3866, rue Perron, Laval
(514) 681-5541

Québec et les environs

◊ Hôpital vétérinaire Daubigny
3349, boulevard Hamel, Les Saules
(418) 872-5355

◊ Hôpital vétérinaire Lachapelle
3301, chemin St-Louis, Ste-Foy
(418) 653-2858

◊ Hôpital vétérinaire de Lévis
2865, boulevard de la Rive-Sud
St-Romuald d'Etchemin
(418) 839-4181

Sherbrooke et la région

◊ Clinique vétérinaire de Sherbrooke
1771, rue King Est, Fleurimont
(819) 563-1554

◊ Hôpital vétérinaire de l'Estrie
2410, rue Galt Ouest, Sherbrooke
(819) 562-8585

◊ Hôpital vétérinaire des Cantons
1179, rue Sherbrooke, Magog
(819) 843-7350

◊ Clinique vétérinaire Rock Forest
5426, boulevard Bourque, Rock Forest
(819) 864-7887

Hull et la région

◊ Dr André Girard, Hull
(819) 777-2009

◊ Ottawa Veterinary Hospital
900, Boyd, Ottawa
(819) 725-1182

◊ Bureau vétérinaire de l'Ouest du Québec
10, rue Monette, Aylmer
(819) 682-2120

◊ Hôpital vétérinaire de Buckingham
612, rue Principale, Buckingham
(819) 281-0832

◊ Eastview Animal Hospital
261, rue McArthur, Vanier
(819) 741-3874

Lac Saint-Jean

◊ Dr Christine Belley
440, rue Saint-Judes Sud, Alma
(418) 668-0318

Des noms

FÉMININS

Selon sa couleur

Adrienne	noire
Albina	blanche
Altesse	brune
Ambre	brun roux
Angie	pâle
Annouk	grise
Barbie	blonde
Bella	brune
Blandine	blanche
Bianca	blanche
Bonnie	pâle
Brandy	brun roux
Canelle	brun roux
Chanel	blonde
Cléo	noir et blanc
Colombe	blanche
Comtesse	blonde
Darene	blonde
Déesse	blanche ou noire
Duchesse	blanche
Elsa	noire
Euréka	noire
Fétiche	bringée
Gamine	bringée
Ginger	brune
Gwendolyne	blanche
Leila	noire
Loulou	noire
Maurier	rousse

Méduse	foncée
Mélodie	pâle
Panthère	noire
Pénélope	rousse
Ténèbre	foncée
Téquila	blanche
Topaze	brun pâle / blond
Ruby	rousse
Valentine	rousse
Zulu	noire

Selon ses caractéristiques

Ada	elle est heureuse
Agathe	elle est bonne
Altesse	elle est fière
Amie	elle est gentille
Angéline	elle est douce
Annouk	elle est sauvage
Baronne	elle est fière
Beauté	elle est coquette
Belle	elle pavoise
Bionique	elle est forte
Cartouche	elle est pleine d'énergie
Catin	elle est langoureuse
Chanel	elle est coquette
Chita	elle est amusante
Cléo	elle pavoise
Colombe	elle est douce
Corinne	elle est gentille
Cupidon	elle est attachante
Daisie	elle est coquette
Dalida	elle est forte
Déesse	elle est belle
Dolly	elle est fofolle
Duchesse	elle est câline
Elsa	elle est autoritaire

Étoile	elle est pleine d'énergie
Euréka	elle est brillante
Farah	elle est coquette
Fétiche	elle est langoureuse
Fifille	elle est amicale
Furie	elle est forte
Gamine	elle est amusante
Gitane	elle est je-m'en-foutiste
Ginger	elle est amusante
Gypsie	elle est fofolle
Hôtesse	elle est attachante
Irma	elle est douce
Jackie	elle est forte
Jenny	elle est amusante
Kim	elle est forte
Lady	elle est hautaine
Laurie	elle est douce
Loulou	elle est pleine d'énergie
Macbeth	elle est autoritaire
Madame	elle est gentille
Maxi	elle est pleine d'énergie
Mélodie	elle est douce
Moustique	elle est pleine d'énergie
Orphée	elle est langoureuse
Panthère	elle est lascive
Pinotte	elle est amusante
Pilule	elle est fofolle
Princesse	elle est forte et fière
Samantha	elle est amusante
Satine	elle est douce
Sissi	elle est fière
Sultane	elle est hautaine
Ténèbre	elle est solitaire
Téquila	elle est fofolle
Tiffany	elle est hautaine
Valentine	elle est câline

Véronica	elle est indépendante
Virgule	elle est amusante
Yasmine	elle est langoureuse

MASCULINS

Selon sa couleur

Ajax	blanc
Alex	noir
Amiral	brun
Ange	brun ou noir
Aristocrate	brun
Axel	noir
Bambi	brun
Bandit	blanc
Banjo	bringé
Baron	roux ou noir
Benji	blond
Bijou	pâle
Bill	brun
Blackie	noir
Beau	foncé
Bobby	bringé
Boeing	roux
Boris	foncé
Brandy	brun
Castro	brun
Chips	blond
Charlie	brun
Chivaz	roux
Cobra	noir
Cognac	brun
Coyotte	gris
Cyrano	blond
Dagobert	bringé
Dandy	blond

D'Artagnan	bringé
Démon	noir
Doc	blanc
Duc	brun
Ebony	noir
Fantomas	noir
Flic	roux
Figaro	blond
Gitan	noir ou blanc
Goldorak	gris
Guerilla	gris
Hippie	blond
Hulk	bringé
Jack	noir
Kid	noir
Lancelot	roux
Lucifer	noir
Marquis	brun
Max	foncé
Météor	pâle
Minuit	foncé
Ness	bringé
Nickie	bringé
Noiraud	foncé
Peanut	blanc
Polux	roux
Rebelle	brun ou roux
Rocky	foncé
Satan	noir
Sherlock	blond
Tonto	noir
Tex	roux
Titan	blanc
Vilan	bringé
Wisky	brun
Zodiac	bringé

Selon ses caractéristiques

Andante	il est solide
Ange	il est doux
Aramis	il est courageux
Aristocrate	il est fier
Azur	il est nonchalant
Bandit	il est amusant
Banjo	il est nonchalant
Baron	il est fier
Benji	il est amusant
Bernard	il est solide
Bijou	il est hautain
Bill	il est solide
Bimbo	il est amusant
Bismark	il est autoritaire
Brutus	il est fort
Buster	il est plein d'énergie
Café	il est amusant
Caïd	il est solide
Capitaine	il est plein d'énergie
Caramel	il est gentil
Cesar	il est fort
Charlie	il est nonchalant
Che	il est rusé
Chips	il est amusant
Cobra	il est fort
Columbo	il est rusé
Conan	il est fort
Copain	il est amical
Crétin	il est foufou
Cyclone	il est plein d'énergie
Dagobert	il est foufou
Dick	il est fort
Dingo	il est foufou
Duc	il est fier
Duel	il est autoritaire

Éclair	il est rapide
Fanfan	il est amusant
Farouche	il est indépendant
Flic	il est fidèle
Fiston	il est amical
Fritz	il est sûr de lui
Gaffe	il est amusant
Glouton	il est glouton
Hercule	il est fort
Hippocrate	il est rusé
Idefix	il est rusé
Jack	il est solide
Jesse	il est fidèle
Jet	il est plein d'énergie
Joker	il est foufou
Kid	il est amusant
King	il est solide
Lancelot	il est solide
Lassie	il est amical
Lucifer	il est fort
Lutin	il est rusé
Mandrake	il est plein d'énergie
Max	il est solide
Milou	il est amusant et rusé
Monsieur	il est fier
Moustache	il est amusant
Peanut	il est attachant
Pépère	il est amical
Pluto	il est fort
Pompon	il est amusant
Popeye	il est fort
Punch	il est rusé
Rebelle	il est fier
Rex	il est solide
Rocky	il est solide
Satan	il est fort

Scorpion	il est rusé
Shinouk	il est résistant
Smoky	il est nonchalant
Spirou	il est rusé
Sultan	il est fidèle
Tarzan	il est fort
Tempête	il est plein d'énergie
Titan	il est solide
Vagabond	il est nonchalant
Zorro	il est fidèle

Index

A

D

Y

Tables des matières

LES ÉDITIONS LOGIQUES

ORDINATEURS

VIVRE DU LOGICIEL, par L.-Ph. Hébert, Y. Leclerc et Me M. Racicot

L'informatique simplifiée
CORELDRAW SIMPLIFIÉ, par Jacques Saint-Pierre
dBASE IV SIMPLIFIÉ, par Rémi Andriot
L'ÉCRIVAIN PUBLIC SIMPLIFIÉ (IBM), par Céline Ménard
L'ORDINATEUR SIMPLIFIÉ, par Sylvie Roy et Jean-François Guédon
LES EXERCICES WORDPERFECT 5.1 SIMPLES & RAPIDES, par Marie-Claude LeBlanc
LOTUS 1-2-3 AVANCÉ, par Marie-Claude LeBlanc
LOTUS 1-2-3 SIMPLE & RAPIDE (version 2.4), par Marie-Claude LeBlanc
MACINTOSH SIMPLIFIÉ, par Emmanuelle Clément
MS-DOS 3.3 ET 4.01 SIMPLIFIÉ, par Sylvie Roy
MS-DOS 5 SIMPLIFIÉ, par Sylvie Roy
PAGEMAKER 4 SIMPLIFIÉ (MAC), par Bernard Duhamel et Pascal Froissard
PAGEMAKER IBM SIMPLIFIÉ, par Hélène Adant
PAGEMAKER MAC SIMPLIFIÉ, par Hélène Adant
SYSTÈME 7 SIMPLIFIÉ, par Luc Dupuis et Dominique Perras
WINDOWS 3.1 SIMPLIFIÉ, par Jacques Saint-Pierre
WORD 4 SIMPLIFIÉ (MAC), par Line Trudel
WORD 5 SIMPLE & RAPIDE (IBM), par Marie-Claude LeBlanc
WORDPERFECT 4.2 SIMPLE & RAPIDE, par Marie-Claude LeBlanc
WORDPERFECT 5.0 SIMPLE & RAPIDE, par Marie-Claude LeBlanc
WORDPERFECT 5.1 AVANCÉ EN FRANÇAIS, par Patrick et Didier Mendes
WORDPERFECT 5.1 SIMPLE & RAPIDE, par Marie-Claude LeBlanc
WORDPERFECT 5.1 SIMPLIFIÉ EN FRANÇAIS, par Patrick et Didier Mendes
WORDPERFECT POUR MACINTOSH SIMPLIFIÉ, par France Beauchesne
WORDPERFECT POUR WINDOWS SIMPLIFIÉ, par Patrick et Didier Mendes

Les Incontournables
MS-DOS 5, par Sylvie Roy
WINDOWS 3.1, par Jacques Saint-Pierre
WORDPERFECT 5.1, par Patrick et Didier Mendes

Notes de cours
Cours 1 WORDPERFECT POUR DOS – Les fonctions de base
Cours 2 WORDPERFECT POUR DOS – Les fonctions intermédiaires
Cours 1 WORDPERFECT POUR WINDOWS – Les fonctions de base
Cours 2 WORDPERFECT POUR WINDOWS – Les fonctions intermédiaires

SOCIÉTÉS

ILS JOUENT AU NINTENDO..., par Jacques de Lorimier
DIVORCER SANS TOUT BRISER, Me Françoise de Cardaillac

Enfance, jeunesse et famille
L'ABUS SEXUEL, par Pierre Foucault
LA CRÉATIVITÉ, par Marie-Claire Landry
LA RELATION D'AIDE, par Jocelyne Forget

Achevé d'imprimer
en novembre 1992 sur les presses
des Ateliers Graphiques Marc Veilleux Inc.
Cap-Saint-Ignace, Qué.